ña
que

®

COLECCIÓN LIBRETOS DE MANO

© Diseño editorial y de colección:
Proyecto ÑAQUE S. L.

© Texto:
Eva Llergo

© Cartel/Portada
Cira Ascanio

© Fotografías
Erika Sanz

© De esta edición:
ÑAQUE Editora
Camino de los Bonetes, 24
28250 - Torrelodones
ESPAÑA

1ª Edición, 2025

Depósito legal M-11648-2025
ISBN 978-84-10217-15-7

Impresión:
Gráficas Alto Tajo, S.C.
19005 Guadalajara ESPAÑA

EUROPÍA

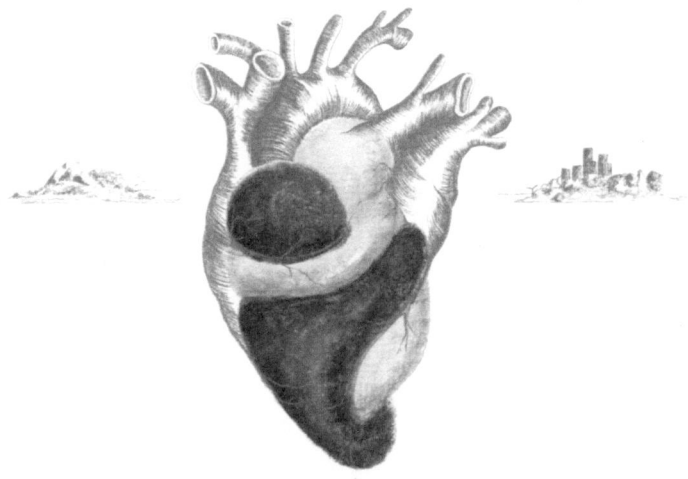

·TIERRA DE NADIE·

~~Al~~quí

Prólogo para Europía

Creernos indestructibles. A salvo. Por encima de lo que
sucede allá

al otro lado

detrás de una frontera inventada

como casi todo lo humano.

Vemos fines del mundo en las pantallas, temblamos con
zombies o guerras que existieron, que no existen, no, no para
nosotras, no aquí. Se va la luz en este trozo de tierra y hay
quien baila, hay quien teme, hay quien se prepara. La ausencia
de electricidad nos acerca a escenarios que no nos gustan y
nos saben a videojuego

demasiado real.

Y allí, más lejos

pero tan cerca

se agolpan las gentes para el agua clara, para un cuenco de
cereal, para un vendaje.

Y miramos

       y no hacemos nada   qué hacer qué NO hacer

                           aquí anestesiadas

                           anestesiados.

Europa es un logro y una condena   supongo.

      Todo privilegio se sustenta en las espaldas de otras.

Europía nos pone enfrente preguntas, respuestas y sobre todo

                           nos hace pensar.

Abre rutas para el debate, para hablar de esta urgencia, revierte el espejo, le da la vuelta y una pequeña grieta aparece. Una… ¿distopía? Tres jóvenes entre mentiras (muchas), tensiones, amor, (auto)conocimiento. ¿Qué es la verdad? ¿Quién la fabrica, quién la pinta o la teje?

El sonido del mar inunda todo, arena de playa, atardecer, mañana, noche. Y seguir. E intentarlo. Juntas, al final. Ojalá.

                                 IRENE HERRÁEZ

FICHA TÉCNICA

Compañía	· De boca en boca
Texto	· Eva Llergo
Dirección escénica	· Natalia Narbón
Intérpretes	· Nadal Bin · Pedro Martín · Mercedes de Miguel · Roberto de Miguel
Música y espacio sonoro	· Ignacio Ceballos
Videoproyección	· Yolanda Pividal
Escenografía y vestuario	· Rebeca Padial
Iluminación	· Irene Herráez · Rebeca Padial
Técnico	· Paco Silva

DRAMATIS PERSONAE

ASHA   Joven de piel oscura de entre 16-18 años

TÁLEH   Joven de piel oscura de entre 16-18 años

ARNO   Joven de piel clara en la veintena

REMO   Hombre de piel clara de mediana edad (puede ser la grabación de un actor proyectada a modo de holograma)

I
El hombre del mar

UNA PLAYA AL ATARDECER. DESPOJOS DE EMBARCACIONES PRECARIAS LA ADORNAN CON EL PERFECTO EQUILIBRIO QUE SOLO PUEDE DAR EL AZAR. LA BELLEZA NATURAL NO SE RESIENTE POR LA BASURA EN QUE HAN QUEDADO CONVERTIDAS LAS BARCAS NI POR LAS HISTORIAS TRÁGICAS QUE DIBUJAN EN LA ARENA. SI ACASO CONVIVE CON TODO ELLO DEJÁNDOSE QUERER; PRESUMIENDO DE CICATRICES. SUENAN LAS GAVIOTAS Y LAS OLAS. LA MONEDA DEL SOL SE INSERTA EN LA RANURA DEL HORIZONTE POR MOMENTOS. QUIZÁS LOS ESPECTADORES COMIENCEN A PERCIBIR POCO A POCO UN MOTOR LEJANO QUE SE ACERCA, COMO EL TEMBLOR DE UN CUERPO ANTE UN PRESENTIMIENTO. TÁLEH Y ASHA, JÓVENES DE PIEL OSCURA, APARECEN EN ESCENA. TIENEN UNA ACTITUD FURTIVA, LA DE QUIEN ENTRA EN UN LUGAR VEDADO. VAN VESTIDOS DE MODO ATEMPORAL. TÁLEH NO QUITA SUS OJOS DE ASHA; ASHA MIRA MUCHO MÁS ALLÁ DEL HORIZONTE.

ASHA   (*SOBRECOGIDA MIRA HACIA EL PÚBLICO QUE ES DONDE HA DECIDIDO COLOCARSE EL MAR*). Es hermoso. Nunca había mirado tan lejos.

TÁLEH   ¿Lo ves, Asha? Tenía razón, ¿a que sí?

ASHA   No imaginé que sería así.

TÁLEH   ¿Ah, no? ¿Y cómo lo imaginabas?

ASHA   No sé... ¿cómo se puede imaginar algo así antes de verlo tan cerca?

TÁLEH   Para mí era como una de esas piscinas construidas en el borde de un precipicio. O como los campos de maíz de las afueras.

ASHA   Pero esto es mucho más grande. ¿Qué sentiste tú la primera vez que lo viste?

TÁLEH	¿Yo? No sé. Los viejos me habían hablado tanto de ello que era como si ya lo hubiera visto. (*ASHA SE LLEVA LA MANO AL CORAZÓN Y PONE CARA DE DOLOR*). Asha, ¿estás bien?
ASHA	Sí, sí, no te preocupes. Es solo que... es demasiado hermoso.
TÁLEH	Tal vez deberíamos irnos ya... Si nos encuentran aquí...
ASHA	Has dicho que a esta hora ya solo queda un vigía.
TÁLEH	Sí, solo ocurre las noches con tanto oleaje. Ahora debería estar completando su ronda al otro lado de la bahía.
ASHA	Estamos a salvo pues... por un rato, ¿no? (*SE SIENTA EN LA ARENA*).
TÁLEH	No sé si deberíamos... (*MIRA HACIA ATRÁS*).
ASHA	Venga, siéntate (*GOLPEA EN EL SUELO A SU LADO. TÁLEH TIEMBLA, POR EL RECUERDO Y LA POSIBILIDAD DEL VIGÍA; PERO QUIZÁS MUCHO MÁS POR LA PREVISIÓN DE LA CERCANÍA CON EL CUERPO DE ASHA*).
TÁLEH	(*SENTÁNDOSE A SU LADO*). Llevaba tanto tiempo queriendo traerte aquí. ¿Cómo te sientes?
ASHA	Es... maravilloso.
TÁLEH	Pero me refiero a... (*SE TOCA EL PECHO*).
ASHA	Me encuentro mejor.
TÁLEH	¡Lo sabía! Mi abuela siempre decía que el mar lo cura todo.
ASHA	Si eso es cierto, es bastante injusto que solo dejen que os acerquéis unos cuantos, ¿no crees?

TÁLEH   Bueno... es que es peligroso.

ASHA   ¿Peligroso? (*REPARANDO EN UNO DE LOS VESTIGIOS DE LAS EMBARCACIONES*) ¿Qué es eso?

TÁLEH   Restos de las embarcaciones con las que intentan llegar hasta Europía.

ASHA   ¿Intentan? ¿Nadie lo ha conseguido?

TÁLEH   Muy pocos, que yo sepa. Para eso estamos los vigías.

ASHA   Táleh, tú aún no eres vigía.

TÁLEH   (*UN POCO HERIDO EN SU ORGULLO*) Lo seré dentro de poco.

ASHA   Si pasas todas las pruebas.

TÁLEH   Lo dices como si no me creyeras capaz.

ASHA   Claro que eres capaz. Es solo que no debes vender la piel del oso antes de haberlo cazado.

TÁLEH   Ya, bueno. Asha, el caso es que te he traído aquí porque...

ASHA   (*SE LLEVA LA MANO A LOS LABIOS PIDIENDO SILENCIO; ES CONSCIENTE DE LA ANSIEDAD DE TÁLEH PERO LE DIVIERTE DEMORAR EL MOMENTO*) ¿Escucha? ¿No oyes eso?

TÁLEH   (*ALARMADO MIRA PARA ATRÁS*) ¿El qué? ¿El vigía?

ASHA   No, tonto. Viene del mar.

TÁLEH   ¿Del mar? (*ESCUCHA*) No, no oigo nada.

ASHA   Siempre has tenido mal oído. Escucha (*LE COGE LA CARA LA PONE JUNTO A LA SUYA; LE OBLIGA A MIRAR EN LA MISMA DIRECCIÓN*), viene de allí.

TÁLEH   (*INCAPAZ DE CONCENTRARSE EN EL MAR*). Está bien. Si tú lo dices.

ASHA ¿Lo oyes? Es como un motor que se acerca.

TÁLEH ¿Un motor? Imposible, con este oleaje... Sería un suicidio intentar acercarse a la costa un día como hoy.

ASHA (*LE SUELTA LA CARA*). En fin.. si tú lo dices. Tú eres el vigía (*CON SORNA*).

TÁLEH Aspirante a vigía... ¿Ahora eres tú la que vende la piel del oso?

ASHA No. Es solo que confío en ti. Es distinto.

TÁLEH ¿Confías?

ASHA Claro... Táleh el perseverante, ¿qué cosa no podría conseguir si se lo propone?

TÁLEH Se me ocurren algunas... Asha... (*LE COGE LA MANO*). Quería volver a preguntarte...

ASHA Táleh, ¿otra vez?

TÁLEH Pensé, que quizás aquí...

ASHA Táleh, no insistas. Estamos bien como estamos.

TÁLEH Asha, los viejos comienzan a murmurar... Tenemos una edad...

ASHA Que murmuren cuanto quieran.

TÁLEH Pero, ¿no crees que es el momento?

ASHA Para mí no es el momento, Táleh. Lo siento.

TÁLEH ¿Y cuándo lo será?

ASHA No sé. Tal vez no quede mucho. Estoy segura de que cuando llegue lo sabré. Será como un golpe.

TÁLEH (*HACE UN SILENCIO MIRANDO AL MAR; BUSCA ARGUMENTOS*). ¿Y tu salud?

ASHA ¿Qué le pasa a mi salud?

TÁLEH Necesitas que alguien te cuide. Estás sola... y delicada.

ASHA ¡Estoy perfectamente!

TÁLEH (*HACE OTRO SILENCIO*). ¿Qué te dijo el chamán?

ASHA (*TARDA EN CONTESTAR Y CUANDO LO HACE SU VOZ ESTÁ REVESTIDA DE ROTUNDIDAD*). Que puedo durar cien años... o morirme mañana.

TÁLEH (*ACONGOJADO*). Asha...

ASHA Como todos. Si lo piensas bien, exactamente igual que cualquiera.

TÁLEH (*NUEVO SILENCIO*). Entonces, tu respuesta... ¿otra vez es "no"? (*ELLA LE MIRA SONRIENDO DIVERTIDA; LE DA UN BESO EN LA MEJILLA Y SE RECUESTA EN SU HOMBRO: SUS NEGATIVAS SON YA UN TRILLADO RITUAL LLENO DE CEREMONIA. TÁLEH SONRÍE TAMBIÉN AUNQUE CON CIERTA TRISTEZA CONTENIDA*). Está bien. Seguiré cerca. Seguiré esperando.

ASHA No desesperes, Táleh. Si no es contigo... ¿con quién va a ser?

TÁLEH Bueno... nunca se sabe (*FIJA SUS OJOS EN EL MAR. ELLA LE MIRA CON TERNURA. TÁLEH PEGA UN RESPINGO*). ¿Qué...? ¡Imposible!

ASHA (*MIRANDO EN SU DIRECCIÓN*). ¿Qué es eso?

TÁLEH (*SE LEVANTA DE UN SALTO, ESTÁ TEMBLANDO, NO SABE QUÉ HACER*). Tenías razón... Parecía imposible, pero tenías razón.

ASHA ¿Es un barco?

TÁLEH Una barca, sí. De motor.

ASHA (*TAMBIÉN ELLA SE LEVANTA*). Y eso que va encima... ¿son personas?

TÁLEH Son los claros. Sí. Los claros.

ASHA Hay... ¿cuántos? ¿Cinco? ¿Tal vez seis?

TÁLEH No resistirán el oleaje. No llegarán a la orilla.

ASHA ¡Dios mío! Esa ola... Les va a engullir.

TÁLEH No llegarán a la orilla.

ASHA ¡Oh, no! ¡Se los ha llevado a todos!

TÁLEH (*ALIVIADO*). Sí, sí, se los ha llevado a todos.

ASHA No, mira. Queda un cuerpo en la barca. Lo que no sé es si está... (*TÁLEH INICIA LA RETIRADA*). ¿Dónde vas?

TÁLEH Vamos. Tenemos que dar la voz de alarma.

ASHA Pero, ¿estás loco? Entonces sabrán que estábamos aquí.

TÁLEH Asha, eso ahora no importa. Esto es muy grave. Es una incursión. El vigía no llegará a esta parte de la playa hasta dentro de mucho.

ASHA (*VOLVIENDO SUS OJOS AL MAR*). Pero, mira. Si ya no queda nadie en la barca. Ven, siéntate. Vigilaremos nosotros hasta que la barca llegue a la orilla. Así podremos estar seguros de que todos... todos han caído al mar.

TÁLEH No sé... Asha. Esto no está bien.

ASHA (*SE ACERCA A ÉL, LE PASA UN BRAZO POR LOS HOMBROS*). ¿Estás temblando? No te preocupes. No queda nadie. (*LE HACE SENTARSE JUNTO A ELLA; OBSERVA EL MAR EN ACTITUDES MUY DIFERENTES: TÁLEH CON SOBRESALTO Y TEMOR; ASHA ESCUDRIÑA CON ESPERANZA*).

TÁLEH ¿Tú no tienes miedo, Asha?

ASHA ¿Miedo? No. Si acaso... pena.

TÁLEH ¿Pena? ¡Asha, son claros! (*SEÑALANDO EL MAR*). Son los claros.

ASHA Bueno, sí. Pero son personas como nosotros, ¿no? Y acaban de morir. Todos. En el mar. Los ha engullido.

TÁLEH (*SUSPIRA RESIGNADO*). Asha, la distinta.

ASHA Así me llaman, sí.

TÁLEH Pero... ¿no te importa?

ASHA ¿El qué?

TÁLEH Que todos te señalen por hacer las cosas... siempre... de otra manera.

ASHA (*HACE UN SILENCIO*). ¿Qué tengo que perder? Tú lo has dicho. Yo... estoy sola. Y cuando alguien está solo no tiene que rendirle cuentas a nadie.

TÁLEH No, Asha. Tú nunca estarás sola. Me tienes a mí.

ASHA Lo sé. (*HACE UN SILENCIO LARGO, MIENTRAS AMBOS MIRAN AL MAR*). Además... para mí cada día es como si fuera el último (*TÁLEH CONTRAE EL ROSTRO PARA NO MOSTRAR UNA MUECA DE PENA Y DOLOR, SE RECUESTA SOBRE ASHA, SE DEJA ABRAZAR Y CIERRA LOS OJOS. EL SOL, MIENTRAS TANTO, SIGUE SU AGENDA DIARIA Y COMIENZA SU RETIRADA. EMPIEZA A HACER FRÍO. ASHA, SIN EMBARGO, IMPERTÉRRITA MIRA FIJAMENTE AL MAR. DE PRONTO, SU CUERPO DA UN RESPINGO Y ESO PONE EN ALERTA DE NUEVO A TÁLEH*).

TÁLEH ¿Qué?

ASHA Nada. Me pareció... que algo avanzaba por el agua.

TÁLEH (*OTEA CON AVIDEZ; NI PESTAÑEA*). Imposible. Incluso si hubiera resistido la caída... el mar no le dejaría avanzar.

ASHA Tienes razón... Y sin embargo...

TÁLEH (*ATERRADO COMO SI AVANZARA HACIA ÉL UN MONSTRUO MARINO*). No puede ser. Es imposible.

ASHA (*HIPNOTIZADA*). Tiene una fuerza sobrehumana. Mira cómo consigue salir cada vez que le engullen las olas.

TÁLEH Es que no son humanos, Asha. ¡No lo son! (*SE LEVANTA Y TIRA DE ELLA*). ¡Vamos!

ASHA ¿Dónde?

TÁLEH A por el vigía. A dar la voz de alarma (*MIRA HACIA EL MAR*). Lo va a conseguir. Ya está muy cerca.

ASHA ¿Lo crees de verdad...? (*FASCINADA*). Es... increíble.

TÁLEH ¡Asha! ¡Levanta! ¡Hay que llegar hasta el vigía!

ASHA Mira, ya está muy cerca y es... solo un chico, como nosotros.

TÁLEH ¡Y qué más da! ¡Es un claro! ¿Es que no lo ves?

ASHA Llegará exhausto. Y nosotros somos dos... (*LE AGARRA SUAVEMENTE DEL BRAZO*). No tienes... ¿curiosidad?

TÁLEH ¿Curiosidad? De verdad que no te entiendo. A veces creo que estás un poco loca...

ASHA ¿Lo estoy?

TÁLEH No. Solo que eres... tan distinta. (*CLAUDICANDO*). Por eso te quiero, supongo.

ASHA Solo quiero ver si todo lo que nos han dicho es verdad. No puede ser tan peligroso. Ha batallado con el mar. Tal vez ni sobreviva. Será nuestra única ocasión de ver uno de cerca. ¿Tú nunca lo has deseado?

TÁLEH No, nunca hasta hoy. Pero no puedo evitar que tus deseos sean también los míos.

ASHA ¿Sea, entonces?

TÁLEH Sea (*LOS DOS SE GIRAN HACIA EL MAR Y ESPERAN. ÉL COGE UN TROZO DE MADERA DE UN BARCO PARA PROTEGERSE. DE ENTRE EL PÚBLICO APARECE ARNO, JOVEN BLANCO CON LA ROPA DESGARRADA POR UNA TRAVESÍA ATROZ. CAMINA HACIA ELLOS EMPAPADO Y CON SUS ÚLTIMAS FUERZAS SE ACERCA Y LES TIENDE UNA MANO. TÁLEH AGARRA MÁS FUERTE A ASHA POR LOS HOMBROS Y LA ECHA HACIA ATRÁS INTENTANDO PROTEGERLA, PERO ELLA SE DESHACE DE ÉL Y AVANZA HACIA ARNO QUE, CON SU ÚLTIMO HÁLITO, LA MIRA A LOS OJOS Y SE DESPLOMA EN SUS BRAZOS. ELLA CEDE ANTE SU PESO Y CAE AL SUELO. NO PUEDE QUITAR SUS OJOS DE ÉL. ESTE ERA EL GOLPE DEL QUE ELLA HABLABA, EL QUE TEMÍA Y ESPERABA. TÁLEH CONTEMPLA LA EXTRAÑA PIEDAD QUE HA QUEDADO FORMADA POR SUS FIGURAS*). ¿Qué haces? ¡Le has tocado! ¿Está muerto?

ASHA No. Siento su corazón.

TÁLEH Apártalo de ti. Quítatelo de encima (*ÉL NO SE ATREVE A TOCARLO, SIENTE UNA MEZCLA DE ASCO Y TERROR*).

ASHA No puedo, Táleh. No puedo (*NO SE REFIERE A SU PESO, HAY UNA EXTRAÑA FUERZA QUE LA ATA A ÉL, QUE LA ATARÁ YA DE POR VIDA*).

TÁLEH Quédate ahí. Voy a llamar al vigía. ¡Tenía que haberlo hecho hace rato ya!

ASHA (*HABLA CON DETERMINACIÓN*). ¡No! No llamarás a nadie. Vas a ir a por ropa, agua y comida.

TÁLEH   ¿Estás loca? ¿Por qué has tenido que tocarlo? ¿Eh? ¡Te ha hechizado! ¡Te ha embrujado!

ASHA   Escúchame. No me ha embrujado. Es una persona. Exactamente como tú. Y está herido, exhausto. Necesita nuestra ayuda. Ve a buscar agua, ropa y comida. Ahora.

TÁLEH   A veces me das miedo, Asha. Mucho miedo.

ASHA   Si me quieres... Ve... Por favor (*TÁLEH SE DEBATE ENTRE SU AMOR Y LAS REGLAS A LAS QUE HA VIVIDO APEGADO TODA SU VIDA; VENCE EL AMOR, COMO SIEMPRE VENCE CUANDO ES UN AMOR INSÓLITO Y DESCEREBRADO COMO EL QUE TÁLEH LLEVA TODA LA VIDA SINTIENDO POR ASHA. ABANDONA LA ESCENA CORRIENDO. ASHA SIGUE SOSTENIENDO ENTRE SUS BRAZOS A ARNO QUE RESPIRA DESMAYADO*). Extranjero... ¿quién eres? ¿De dónde vienes? ¡Respira, responde! (*LE AGITA; ARNO ENTREABRE LOS OJOS PERO VUELVE A DESMAYARSE. ELLA LE PALPA EL ROSTRO, EL CUERPO, LE OLFATEA DE UN MODO ANIMAL; LO QUE OBTIENE DE SU RECONOCIMIENTO LA SOBRECOGE AÚN MÁS*). Extranjero... ¿qué ha sido este golpe? ¿Qué tipo de magia llevas dentro? ¿Qué me has hecho? ¿Qué es esta fuerza que me une a ti? ¿Por qué me has elegido? ¿De qué estás hecho? ¿De agua? ¿De fuego? No puedo separar mis manos de ti, se me han quedado pegadas con la fuerza de este mar brutal que te ha traído y al que has vencido para llegar. Para llegar hasta mí... Abre los ojos y háblame. ¿Qué me has hecho? ¿Qué me pasa? (*ARNO ENTREABRE DE NUEVO LOS OJOS Y ALZA UNA DE SUS MANOS HASTA EL ROSTRO DE ASHA*).

ARNO   Jan sewi... [Ángel] (*LA FUERZA QUE HA NECESITADO PARA HABLAR LE DEJA SIN AIRE; SU ALIENTO DESAPARECE. ASHA LO ADVIERTE ESPANTADA, SE*

SEPARA DE ÉL, POR UN MOMENTO NO SABE QUÉ HACER; DESPUÉS DE UNOS INSTANTES DE DUDA SE LANZA A INSUFLARLE AIRE A TRAVÉS DE SU BOCA. LO INTENTA UNA, DOS, TRES VECES SIN APARENTE RESULTADO. ARNO ESTÁ COMPLETAMENTE INERTE. ASHA PARECE ENLOQUECER. SE ACERCA UNA VEZ MÁS Y ESTA VEZ SU AIRE REACTIVA LOS PULMONES DE ARNO. ABRE LOS OJOS. LA MIRA. ESTÁN MUY CERCA, ENTREABRE LOS LABIOS PARA HABLAR).

ASHA *(PONIÉNDOLE UN DEDO EN LA BOCA).* Shhh... Calla. Reserva tus fuerzas. *(ARNO LEVANTA LOS BRAZOS Y ESTRECHA A ASHA CONTRA ÉL. LOS DOS LLORAN. TÁLEH REAPARECE POR EL FONDO CON ROPA SECA Y VÍVERES. AL TOPARSE CON LA ESCENA SE QUEDA CLAVADO AL SUELO Y DEJA CAER SU CARGA AL SUELO).*

TÁLEH Asha... ¿qué haces? ¿Estás bien?

ASHA Pensé que él... pero no...

TÁLEH Sepárate ahora mismo de él. Es un claro. Recuérdalo, es un claro.

ASHA ¿Y qué?

TÁLEH ¡Lo sabes perfectamente! Están hechos de mal... no le toques, ya sabes lo que dicen los viejos...

ASHA ¿Qué dicen? ¿Que puede contagiarse? ¿Tú me ves mala? ¿Crees que me he vuelto mala?

TÁLEH Mala, no, pero estás muy rara... Me estás asustando. Sepárate de él, anda. He traído lo que me has pedido.

ASHA Dame el agua *(TÁLEH SE LA PASA; ASHA SE LA ACERCA A ARNO A LOS LABIOS, ÉL BEBE CON TORPEZA).* Soy Asha *(GESTICULA Y SE SEÑALA PARA DEJAR CLARO QUE ESTÁ DICIENDO SU NOMBRE).*

ARNO ¿Asha? (*PRONUNCIA CON DIFICULTAD*). Arno (*SEÑALÁNDOSE. DE PRONTO UNA LUZ, COMO DE LINTERNA POTENTE, LES APUNTA*).

TÁLEH ¡No! Es el vigía. Ya ha llegado. ¡Vámonos!

ASHA No puedo dejarle...

TÁLEH Si nos pillan aquí... con él... pensarán, no solo que hemos violado la ley de no acercarnos a la orilla, sino que hemos sido nosotros los que le hemos ayudado a llegar... Ya sabes lo que eso significa.

ASHA ¿Qué...? (*PARECE DESORIENTADA, INCAPAZ DE PRESTAR ATENCIÓN PLENA, SE DEBATE ENTRE LA REALIDAD Y EL DESEO*).

TÁLEH ¡Significa la muerte! Pero... ¿qué te pasa? Tengo que separarte de él. ¡Vamos! (*TIRA DE ELLA PARA SEPARARLA DE ARNO*) ¡Vámonos!

ASHA Yo, yo no... (*ESTÁ COMO PARALIZADA; MANTIENE UNA MANO AFERRADA A UN BRAZO DE ARNO PERO CON EL OTRO SE DEJA ARRASTRAR POR TÁLEH. ARNO SE DESASE DEL BRAZO DE ASHA Y LE HACE UN GESTO SUAVE CON LA CABEZA PARA INDICARLE QUE DEBE MARCHAR. LA LUZ DEL VIGÍA SE ACERCA*). ¡No, no! (*LA FUERZA DE TÁLEH CONSIGUE DOMEÑAR A ASHA Y SALEN DE ESCENA FORCEJEANDO. LA LUZ SE ACERCA MÁS AÚN Y SE POSA DE MANERA POTENTE SOBRE ARNO, LE DESLUMBRA, Y MIENTRAS ÉL SIGUE SENTADO EN EL SUELO Y SE PROTEGE LOS OJOS, SE ACERCA HACIA ÉL. TODAS LAS LUCES EN ESCENA SE APAGAN*).

II
Renacido

LA MISMA PLAYA INDOLENTE AL AMANECER SIGUIENTE. SERENA Y HERMOSA ESPERA LA LLEGADA DE MÁS VÍCTIMAS Y SUS DESPOJOS. LOS RESTOS DE LAS EMBARCACIONES SE HAN REAGRUPADO Y AHORA APARECEN EN EL CENTRO DE LA ESCENA CONSTRUYENDO, TAL VEZ DE MANERA CASUAL, UNA ESPECIE DE REFUGIO ANÁRQUICO Y SURREALISTA. QUIZÁS IGUAL QUE CUALQUIER VIVIENDA IMPROVISADA Y HUMILDE. NO HAY NI RASTRO DE ARNO. ENTRA EN ESCENA ASHA CORRIENDO AGITADA, FRENÉTICA, CON LA ROPA DESCOLOCADA COMO DESPUÉS DE UN FORCEJEO.

ASHA   (*CON UN GRITO SOFOCADO Y OTEANDO CON LA MIRADA LA PLAYA BUSCANDO RASTROS DE ARNO*). ¡Arno! ¡Arno!

ENTRA A CONTINUACIÓN TÁLEH SIN RESUELLO, CON GESTO DOLORIDO Y CON UNA MANO EN LA ENTREPIERNA.

TÁLEH   ¡Asha! ¡Alto!

ASHA   No está... Se lo han llevado... Ellos...

TÁLEH   ¿Y qué demonios esperabas? ¿Eh? ¡Baja de las nubes!

ASHA   Yo... esperaba... otro milagro...

TÁLEH   ¿Qué dices? Por Dios, casi me matas (*HACIENDO UN GESTO SUTIL HACIA LA MANO QUE AGARRA SU ENTREPIERNA*).

ASHA   Lo siento. Tenía que venir... Sabía que ibas a impedírmelo...

TÁLEH   Me has engañado para que te trajera hasta el acantilado... y luego, luego... ¡me has pegado, Asha! ¡A mí!

ASHA   Lo siento, lo siento. No sé qué me ha pasado... Tienes razón... Tal vez él... me hechizó. (*TÁLEH LE PASA EL BRAZO POR LOS HOMBROS, ASHA SE DEJA ABRAZAR MIENTRAS LOS DOS MIRAN AL HORIZONTE. SE HACE UN LARGO SILENCIO EN EL QUE ASHA COMIENZA A LLORAR SIN EMITIR NINGÚN SONIDO*). ¿Qué habrán hecho con él? (*SE SECA LAS LÁGRIMAS*).

TÁLEH   ¿Con el claro? (*TRATA DE GANAR TIEMPO PARA PENSAR UNA RESPUESTA MENOS DOLOROSA*). Si lo encontró el vigía, quizás esté en un refugio oficial...

ASHA   Dime la verdad.

TÁLEH   No les dejan ni salir de la playa.

ASHA   ¿Quieres decir que ellos...?

TÁLEH   ¡No, mujer! ¡No somos tan bárbaros! Los suben a un barco y los llevan de vuelta a su tierra.

ASHA   A su tierra... Él sería de Áfriro... ¿verdad?

TÁLEH   Todos los que intentan entrar desde esta playa son de allí.

ASHA   ¿Tú crees todo lo que los viejos cuentan de Áfriro? Parecen cuentos... para asustar a los niños.

TÁLEH   Parecen cuentos, pero hablan de la realidad.

ASHA   Pero ellos no pueden ser tan malos... Lo que yo vi en sus ojos... Era miedo y angustia. La misma que puedes sentir tú o que puedo sentir yo.

TÁLEH   Ya sabes lo que dicen los viejos...

ASHA   Ya, ya. Pueden transformarse con su magia...

TÁLEH   Asemejarse a nosotros...

ASHA   Fingir que tienen nuestros sentimientos, pero...

TÁLEH   Pero ellos están hechos de maldad.

ASHA   (*HACE UN SILENCIO LARGO MIRANDO AL MAR*). Él no me pareció así.

TÁLEH   Esa es su magia. Precisamente en eso consiste (*LA COGE DEL HOMBRO, INTENTA ARRASTRARLA SUAVEMENTE*).

ASHA   (*HACE ESFUERZOS POR NO LLORAR*). Aún no... Puedes... ¿Podrías dejarme un rato a solas?

TÁLEH   No...

ASHA   Por favor.

TÁLEH   Está bien. Te espero en el acantilado. Pero no más de 10 minutos. Es lo que va a tardar el vigía en volver (*INICIA UNA RETIRADA. ELLA NO SE VUELVE A VERLO MARCHAR, PERO CUANDO SIENTE QUE HA DESAPARECIDO DE SU VISTA ROMPE A LLORAR DE NUEVO; PRIMERO SUTILMENTE, DESPUÉS CON ABSOLUTA DESOLACIÓN. DEL REFUGIO IMPROVISADO CON LAS BARCAS, SITUADO A LA ESPALDA DE ASHA, EMERGE EL ROSTRO DE ARNO. SUS GRANDES OJOS CLAROS LA MIRAN DESORBITADOS. ESTÁ DEMACRADO Y ASUSTADO, PERO ILESO. VISTE LAS ROPAS QUE LE LLEVÓ TÁLEH. SE ACERCA A ASHA POR DETRÁS SIN QUE ELLA LO PERCIBA Y CUANDO ESTÁ A SU LADO LE PONE UNA MANO EN EL HOMBRO DEL MISMO MODO TÍMIDO Y CAUTO QUE ACABA DE HACER TÁLEH*).

ASHA   (*AL SENTIRLO*). Táleh, por favor, no ha pasado ni un minuto... (*SE GIRA PARA MIRARLO Y SE QUEDA DE PIEDRA AL DESCUBRIRLO*). ¡Tú! Estás vivo... (*FRENTE A FRENTE, CERCA PERO LEJOS, ASHA Y ARNO SE MIRAN, SE RECONOCEN. TRAS UNOS INSTANTES, ASHA SE ABALANZA SOBRE ÉL Y LE ABRAZA, VOLVIENDO A PONERSE A LLORAR. SON LAS LÁGRIMAS QUE PRODUCEN LA COMPRENSIÓN DE UN MILAGRO*).

Pensé que no volvería a verte nunca. Pensé que ya no existías.

ARNO Existo... gracias a ti (*PRONUNCIA LA LENGUA DE ASHA CON ALGO DE LENTITUD Y A VECES CON UN LIGERO ACENTO PERO DE UNA MANERA CASI IMPERCEPTIBLE*). Tú me has salvado, jan sewi.

ASHA ¿Hablas mi lengua? (*AL ESCUCHARLO HABLAR SE SEPARA DE ÉL PARA MIRARLO ATÓNITA. ARNO ASIENTE CON LA CABEZA*). ¿Cómo...?

ARNO Libros. En mi tierra tenemos libros. Aprendemos con ellos.

ASHA ¿Libros?

ARNO Sí, libros donde se cuentan historias del pasado o historias que puedan suceder en un futuro. Libros sobre idiomas y costumbres...

ASHA ¿De Europía?

ARNO También de Europía.

ASHA He oído hablar de los libros, sí. Pero nunca he visto uno. Dicen que los robasteis todos en vuestras primeras incursiones.

ARNO ¿Y tú te lo crees?

ASHA ¿Por qué no habría de creerlo? Lo dicen los viejos. Ellos lo saben todo.

ARNO Nadie lo sabe todo. Ni siquiera aunque lo hubieran visto con sus propios ojos. Pero de eso hace tanto tiempo... Solo lo han podido escuchar de los labios de otros que a su vez lo escucharon de los labios de otros... ¿Has probado alguna vez a contar una historia al oído de alguien y que ese a su vez se lo cuente a otro y a otro...? ¿Qué historia resulta al final?

ASHA No te entiendo.

ARNO No importa.

ASHA A mí sí. A mí sí me importa. Quiero entender.

ARNO (*LA MIRA CON OJOS ENTRECERRADOS, ANALIZÁNDOLA*). Tú eres muy distinta a los demás oscuros, jan sewi.

ASHA ¿Y cómo son los oscuros? ¿Nos conoces?

ARNO No más que vosotros a nosotros, la verdad. Pero yo, al menos, he leído libros.

ASHA ¿Y qué dicen tus libros de nosotros?

ARNO No creo que te guste oírlo.

ASHA Adelante, no tengo miedo.

ARNO En eso también eres distinta. (*ASHA LE HACE UN GESTO CON LA MANO PARA QUE COMIENCE A HABLAR. ÉL SE ADELANTA Y SE SIENTA MIRANDO HACIA EL MAR. ELLA SE QUEDA DE PIE DETRÁS DE ÉL*). Dicen que sois codiciosos y cobardes. Que volvéis oscuras las cosas, como vuestra piel, para hacerlas difíciles de entender.

ASHA No se puede juzgar a todo un pueblo así.

ARNO ¿Ah, no? Y... ¿qué te han contado tus viejos sobre nosotros, los claros?

ASHA Tampoco te gustará oírlo. (*ARNO LE HACE EL MISMO GESTO CON LA MANO PARA QUE COMIENCE A HABLAR. ELLA SE SIENTA A SU LADO PERO NO LE MIRA*). Dicen que sois malvados y crueles. Que vuestras mentes son como vuestra piel: un folio en blanco. Que nunca estáis satisfechos con lo vuestro; que ambicionáis toda riqueza ajena.

ARNO (*VOLVIÉNDOSE HACIA ELLA Y MIRÁNDOLA DIRECTAMENTE A LOS OJOS*). ¿De verdad te parezco malvado, jan sewi?

ASHA No... Tus ojos no mienten. No eres malvado... Estás desesperado.

ARNO Todos lo estamos en Áfriro.

ASHA ¿Por qué? Los viejos dicen que es una tierra próspera, donde siempre hace sol y hay lluvia abundante. Además, tenéis la sabiduría de los libros.

ARNO (*RIENDO CON DESENCANTO Y CIERTA RESIGNACIÓN*). Me lo habían dicho pero no acababa de creérmelo, la verdad.

ASHA ¿A qué te refieres?

ARNO ¿Por qué crees que me eché al mar en una barca en medio de la tormenta para llegar hasta aquí?

ASHA Ellos... los viejos dicen que siempre queréis más. Que no tenéis suficiente con lo que os da Áfriro...

ARNO Y estamos tan locos y somos tan malvados que ponemos en riesgo nuestras vidas y las de las gentes que amamos para quitaros... ¿el qué?, ¿vuestros libros?

ASHA (*REPRODUCE EL DISCURSO QUE LE HAN ENSEÑADO PERO PERCIBE A CADA PALABRA SUS FALLAS*). Dicen que queréis nuestras riquezas.

ARNO (*CON IRONÍA*). Y por eso venimos en miserables barcas de motor en las que caben cantidades ingentes de joyas y dinero, ¿verdad?

ASHA ¿Por qué venís entonces?

ARNO (*LA MIRA A LOS OJOS*). Porque estamos desesperados, jan sewi. (*DE PRONTO LA VOZ DE TÁLEH LLAMANDO A ASHA LOS SACA DE SU ESTUPOR. ASHA SE PONE DE PIE DE UN SALTO*).

ASHA Tengo que irme. Táleh no puede verte aquí. El vigía no puede verte aquí.

ARNO Tranquila, estaré bien. Nadie se imaginaría nunca que puedo estar ahí dentro (*SEÑALA LOS RETAZOS DE EMBARCACIÓN CONVERTIDOS EN IMPROVISADA CHOZA*).

ASHA (*LA VOZ DE TÁLEH SE ACERCA; ELLA MIRA ANSIOSA HACIA ATRÁS*). Quédate aquí entonces. Mañana volveré a esta misma hora con comida. ¿Estarás bien?

ARNO Estaré bien. Ve. (*ELLA SALE DEVOLVIÉNDOLE LA LLAMADA A TÁLEH*). Sí que eres distinta, jan sewi. Distinta a todos los demás (*LA LUZ SE APAGA*).

III
La chica más allá de lo preconcebido

ARNO ESTÁ SENTADO EN LA PLAYA. TALLA CON UNA NAVAJA UN PALO, AL MISMO TIEMPO QUE COME UNA MANZANA. TRAS ÉL, DENTRO DE LA CHOZA SUENAN UNOS PITIDOS. SE LEVANTA INMEDIATAMENTE, ENTRA EN LA CHOZA Y SALE LLEVANDO EN LA MANO UN PEQUEÑO APARATO DE TECNOLOGÍA APARENTEMENTE MUY RUDIMENTARIA. LO POSA EN EL SUELO Y, EN CUANTO LO HACE, SE PROYECTA A PARTIR DE ÉL UNA IMAGEN DE CUERPO ENTERO DE UN HOMBRE ADULTO DE PIEL CLARA.

REMO   ¿Arno? ¿Eres tú? ¿Puedes oírme?

ARNO   (*HABLA ATROPELLADAMENTE, CON CIERTA DESESPERACIÓN*). Jan sona... [Maestro]

REMO   En lengua franca, Arno. Siempre en lengua franca. ¿Dónde están los demás?

ARNO   Maestro... yo no... (*SE LE QUIEBRA LA VOZ, SE SIENTA DE RODILLAS EN EL SUELO*).

REMO   Entiendo. Solo llegaste tú, ¿no es así? (*ARNO ASIENTE*). No es momento de lamentarse. Es un triunfo lo que has conseguido. Eres el primero que consigue llegar sin ser visto en décadas.

ARNO   Pero los demás... cayeron...

REMO   Olvida a los demás, Arno. Honra sus muertes siguiendo adelante. ¿Has establecido contacto?

ARNO   Sí. La primera noche.

REMO   ¿Entregaste el mensaje?

ARNO   Sí.

REMO   El plan marcha, entonces.

ARNO   Pero maestro... había alguien más en la playa.

REMO   (*SU VOZ SUENA CON INTERFERENCIAS*). ¿Qué has dicho?

ARNO   Que había alguien más... (*LA IMAGEN DE REMO SE INTERRUMPE DE GOLPE*). ¿Maestro? ¿Maestro? ¡No! No me dejes... solo... (*ARNO AGITA EL APARATO CON LA ESPERANZA DE RECUPERAR LA CONEXIÓN, EN ESE MOMENTO ENTRA ASHA CON UN MACUTO, FURTIVA*).

ASHA   ¿Qué haces?

ARNO   (*SORPRENDIDO*). Nada... intento quitarle el agua y la arena.

ASHA   (*SE LO QUITA DE LAS MANOS Y SE LO CAMBIA POR EL MACUTO*). ¿Qué es?

ARNO   (*EMPIEZA A SACAR COMIDA DEL MACUTO Y A COMÉR-SELA*). Un llamador.

ASHA   ¿Un llamador? ¿Qué es un llamador?

ARNO   Sirve para conectar con personas que están lejos de ti.

ASHA   ¿Cómo? ¿Con magia? (*LO DICE CON CIERTA APRENSIÓN*).

ARNO   No es magia, jan sewi, es tecnología. Vosotros también tuvisteis hace tiempo. Como los libros.

ASHA   ¿Y también os los llevasteis vosotros?

ARNO   ¿Todavía sigues pensado eso?

ASHA   No.

ARNO   (*MIRANDO HACIA ATRÁS*). ¿Y tu amigo? ¿Hoy has venido sola?

ASHA   Le pedí que fuera a buscar amapolas, mis flores favoritas. Solo crecen en el otro extremo de la isla. No sabe que estoy aquí.

ARNO Eso está mal.

ASHA ¿Por qué?

ARNO Él te quiere, se le nota. Y tú te aprovechas.

ASHA No me aprovecho. Él te habría delatado. Estoy intentando protegerte.

ARNO ¿Por qué?

ASHA Porque me pareces distinto a lo que me han contado de los claros.

ARNO ¿Qué te parezco?

ASHA Me pareces sincero. Valiente. Bondadoso.

ARNO Eso es mucho suponer. Apenas me conoces.

ASHA Lo vi en tus ojos cuando saliste del mar. En ese momento, los ojos no mienten.

ARNO En eso tienes razón. (*HACE UN SILENCIO*). Por cierto, gracias por salvarme.

ASHA No tienes que dármelas. Lo hice sin pensar. Es algo que, según Táleh, hago muy a menudo. Él dice que estoy un poco loca.

ARNO Bendita locura. Ojalá todos los oscuros fueran como tú.

ASHA ¿Locos?

ARNO Sí, pero de los "locos" abiertos a escuchar y dispuestos a cambiar (*SE MIRAN INTENSAMENTE UNOS INSTANTES; ASHA REPOSA SUS PALABRAS*).

ASHA Por cierto... ¿qué vas a hacer ahora?

ARNO Estoy comiendo y hablando contigo.

ASHA No seas tonto, me refiero a aquí en Europía.

ARNO No veo más allá de esta manzana (*EN ALUSIÓN A LA QUE SE ESTÁ COMIENDO*).

ASHA   (*BROMISTA*). ¿Qué pasa, que no tenéis manzanas allá en Áfriro?

ARNO   Quedan algunas, pero son un bien escaso.

ASHA   ¿Las manzanas? ¿Un bien escaso? ¡Anda ya!

ARNO   Lo digo en serio. Puede que tengamos tecnología y libros, pero ¿podrías vivir en una tierra sin alimentos ni agua?

ASHA   Pero... ¿cuándo pasó eso?

ARNO   Pasa desde hace tanto tiempo que no parece que haya habido nunca un principio. Supongo que pensamos que la tierra nunca dejaría de producir y el cielo nunca dejaría de ofrecernos agua... Pero ya ves. En cualquier caso, pasa desde mucho antes de que nosotros llegáramos allí.

ASHA   Pero... ¿quién estaba antes que vosotros en Áfriro?

ARNO   (*DEJANDO DE COMER Y MIRÁNDOLA FIJAMENTE*). ¿Lo preguntas en serio? (*ELLA PARPADEA ATÓNITA; NO HAY ATISBO DE IRONÍA EN SU EXPRESIÓN. ARNO CALIBRA UN INSTANTE ANTES DE CONTÁRSELO*). Estabais vosotros. Los oscuros.

ASHA   (*TOMÁNDOSELO A BROMA*). ¡Anda ya! Los oscuros hemos vivido en Europía desde que el mundo es mundo.

ARNO   ¿Ah, sí? ¿Quién lo dice? ¿Tus viejos?

ASHA   Claro.

ARNO   Es increíble. No pensaba que pudiera ser cierto, pero es así. No tenéis ni idea.

ASHA   ¿Qué dices?

ARNO   Sin libros, sin tecnología. Solo conocéis el pasado por lo que os cuentan los viejos.

ASHA   Exacto. Así es.

ARNO   ¿Y te parece suficiente?

ASHA   ¿Por qué no habría de parecérmelo? Han vivido muchos años, son sabios. Han visto más que los demás.

ARNO   Pero, ¿y si lo que os contaran, lo que te contaran, fuera mentira? No te parece peligroso que ellos sean la única fuente que tenéis para conocer vuestro pasado, el pasado en general.

ASHA   Pero, ¿por qué habrían de mentirnos?

ARNO   Para controlaros. Para controlar la realidad y lo que se convierte en "la verdad".

ASHA   ¡Qué dices! Ellos son sabios y bondadosos. Quieren lo mejor para nosotros.

ARNO   ¿Lo mejor para vosotros es quitaros los libros, los llamadores, cualquier tecnología que os conecte con otras tierras y otras formas de hacer; que os proporcione una visión del pasado más rica?

ASHA   Ellos no nos quitaron los libros. Vosotros nos los robasteis.

ARNO   (*RESPIRA PROFUNDO*). Pongamos que fue así. ¿Por qué no habéis escrito otros desde entonces? ¿Tampoco tenéis papel ni tinta?

ASHA   Yo... (*EN SU INTERIOR SE LIBRA UNA LUCHA POR DAR CRÉDITO A ARNO O SEGUIR INSTALADA EN SU "VERDAD"*). No puede ser. Me he equivocado contigo... Me estás hechizando... Es tu magia...

ARNO ¿Quieres verlo con tus propios ojos?

ASHA ¿Qué dices?

ARNO Puedo enseñártelo. Mi llamador puede ense-
ñártelo. (*COGE EL LLAMADOR, LO MANIPULA UNOS
INSTANTES Y LO DEJA EN EL SUELO ENTRE ASHA Y ÉL.
AL MOMENTO, COMIENZAN A SURGIR UNAS IMÁGENES
DE PERSONAS MIGRANTES AFRICANAS LLEGANDO A
LAS COSTAS ESPAÑOLAS EN PATERAS; IMÁGENES DE
PERSONAS MIGRANTES INTENTANDO SALTAR LAS VALLAS
DE MELILLA*).

ASHA ¿Qué es esto? (*INTENTA TOCAR LAS IMÁGENES Y SE
DA CUENTA DE QUE NO SON CORPÓREAS*) ¿Dónde
están estas personas?

ARNO Ya no existen. Llevan muertos cientos de años.

ASHA (*POR LAS IMÁGENES*). ¿Son sus almas? ¿Se han
quedado atrapadas?

ARNO No, son solo imágenes. Como los reflejos del
agua. El llamador puede atrapar imágenes y
volver a enseñárnoslas cuando queramos.

ASHA Pero... ¿por qué nosotros, los oscuros, vamos
en barcas? Ahora están prohibidas. ¿Adónde
intentan entrar esos hermanos?

ARNO Aquí.

ASHA ¿Qué quieres decir?

ARNO Intentabais llegar a Europía (*ARNO MANIPULA DE
NUEVO EL LLAMADOR Y COMIENZAN A SALIR OTRAS
IMÁGENES: GUERRAS EN ÁFRICA, HAMBRUNAS, SEQUÍA*).
Eso es Áfriro. De eso intentabais escapar. De
eso intentamos escapar nosotros ahora.

ASHA Pero... si eso es cierto. ¿Por qué ahora estamos
todos nosotros aquí, en Europía, y todos
vosotros allí... en Áfriro?

ARNO (*MANIPULA DE NUEVO EL LLAMADOR; SURGEN IMÁGENES DE LLEGADAS MASIVAS DE PERSONAS MIGRANTES AFRICANOS EN EUROPA*). Al principio erais solo unos cuantos... Desperdigados. Llegabais a nuestras costas desesperados y agradecidos. Os ocupabais de los trabajos que en Europía ya nadie quería hacer. Se mantenía el equilibrio.

ASHA ¿Y después?

ARNO Después el clima empeoró. La sequía, las malas cosechas. La violencia. Las guerras. Llegabais centenares cada vez.

ASHA Pero... aun así. ¿Cómo pudo suceder? ¿Cómo pudimos... intercambiar nuestros territorios, nuestros hogares?

ARNO Erais miles. Muchos más que nosotros. Y supongo que... os subestimamos. Surgieron líderes. Os organizasteis y la irrupción, en realidad, resultó muy sencilla. Casi natural. Como regida por una especie de justicia divina. Es muy difícil vencer a seres humanos que no tienen nada que perder en una lucha y sí mucho que ganar. Una nueva tierra llena de agua, vida, riquezas y paz.

ASHA Pero... todo esto, ¿cuándo sucedió?

ARNO Hace mucho. Suficiente como para que nadie vivo lo haya visto. Suficiente para que sea fácil reescribir la historia... (*DUDA UN MOMENTO SOBRE SI CONTINUAR LA FRASE*). Sobre todo si mantienes a la gente en su ignorancia.

ASHA Es terrible.

ARNO ¿Me crees?

ASHA Es difícil.

ARNO Lo sé, pero tienes que creerme...

ASHA Tu historia está llena de sufrimiento y de injusticia. ¿Por qué?

ARNO No lo sé... Supongo que es parte de la esencia humana.

ASHA Y los viejos... ¿por qué nos mantienen en la ignorancia? ¿Por qué hacen que os tengamos miedo? ¿Por qué tantas mentiras?

ARNO Supongo que manteneros en el desconocimiento es un sistema de defensa. A algunos de nosotros les pudo la piedad. Comprendían que teníais motivos para querer entrar en Europa. Algunos os ayudaron incluso. Pero no contaban con que al final todos querríais venir. No contaban con que un día... no habría espacio para todos aquí (*HACE UN SILENCIO. ASHA LUCHA UNA BATALLA INTERNA EN SU INTERIOR; RECOLOCA LOS VACÍOS SOBRE LOS QUE HA SIDO CONSTRUIDO SU CONOCIMIENTO DE LA REALIDAD*). ¿Me crees? Para mí es importante que me creas...

ASHA (*DESPUÉS DE UN LARGO SILENCIO PRONUNCIA CON LENTITUD LAS PALABRAS*). Te creo.

ARNO (*SE ATREVE A COGERLE LA MANO*). Gracias. No sabes lo que significa para mí que me creas.

ASHA Supe que algo grande pasaría a partir de ti. Lo supe desde la primera vez que te vi. Desde la primera vez que te toqué. (*COMIENZA A LLORAR; LENTA Y SILENCIOSAMENTE*). Pero acabas de destruir mi mundo. Todo lo que creía que era real... se está derritiendo.

ARNO   Lo siento.

ASHA   No tienes por qué. Duele, pero me hace sentir viva.

ARNO   (*LE COGE LA CARA CON LAS DOS MANOS*). Eres asombrosa. Asha la imprevisible. Asha la compasiva. Asha hermosa y grande. (*LA BESA*).

ASHA   Arno, no soy yo en la que debes pensar.

ARNO   ¿Qué dices? No puedo hacer otra cosa.

ASHA   No... debes... debemos pensar en tu pueblo. ¿Cómo podemos ayudarles?

ARNO   ¿Cómo...? (*DE PRONTO LA LUZ DEL VIGÍA SE ATISBA EN ESCENA*). ¡El vigía! ¡Tienes que marcharte! (*SE LEVANTA Y AYUDA A ASHA A PONERSE EN PIE*). ¡Vete, Asha! ¡Vete! ¡Rápido!

ASHA   Volveré... no sé cuándo... Pero volveré. ¡Ten cuidado tú también! (*DESAPARECE DE ESCENA, LA LUZ DEL VIGÍA VUELVE A FIJARSE EN ARNO Y SE ACERCA. SE APAGAN TODAS LAS LUCES*).

IV
Último momento de paz

LA PLAYA SIGUE EN SU SITIO, AUNQUE, COMO UN SER VIVO, VA SUFRIENDO LIGERAS TRANSFORMACIONES QUE LE DAN CARÁCTER. ARNO SE ENCUENTRA DE RODILLAS FRENTE AL LLAMADOR. INTENTA, SIN ÉXITO, HACERLO FUNCIONAR. SE DESESPERA. FINALMENTE, LO LANZA CONTRA EL SUELO Y LE DA LA ESPALDA. EN ESE MOMENTO SE ACTIVA. APARECE LA FIGURA DE REMO PROYECTADA DE CUERPO ENTERO.

REMO   ¿Arno?

ARNO   ¡Maestro!

REMO   ¿Arno? Te escucho mal. ¿Cómo marcha el plan?

ARNO   El plan... marcha. Maestro.

REMO   Bien.

ARNO   Pero, maestro, había alguien más en la playa.

REMO   ¿Cómo?

ARNO   Había alguien más en la playa. Una chica.

REMO   ¿Una muchacha oscura? ¿Has establecido contacto con ella?

ARNO   Sí, maestro. Me salvó la vida.

REMO   ¿La vida?

ARNO   Habría muerto si no fuera por ella.

REMO   ¿Le has hablado del plan?

ARNO   ¿Del plan? No, claro que no, pero, maestro...

REMO   No puedes volver a hablar con ella. Ni verla.

ARNO   ¿Cómo? No, no... ella es diferente.

REMO ¿Diferente a qué?

ARNO A los oscuros... A todos los demás, en realidad.

REMO Pero... ¿qué dices, Arno?

ARNO Le hablé de cómo sucedió todo. Me escuchó. Quiere cambiar las cosas.

REMO Escúchame bien, te prohíbo que vuelvas a hablar con ella.

ARNO Maestro, ¿por qué? Ella es inteligente, valiente, compasiva.

REMO ¿Qué estás diciendo? ¡Es una oscura! ¡Recuerda lo que nos hicieron!

ARNO ¿Y lo que les hicimos nosotros a ellos?

REMO Escúchame, Arno. Entiendo que esa muchacha te ha impresionado. Pero, aunque sea como dices, solo es una entre un millón.

ARNO ¿Y eso no es motivo para la esperanza?

REMO (*HACE UN SILENCIO*). Arno, eres joven, sabes muy poco del mundo...

ARNO Sé lo que me dejáis saber.

REMO Nosotros no os escondemos la verdad.

ARNO Me dijisteis que todos eran codiciosos, inhumanos. Alimentáis nuestro odio. Nuestra lucha solo tiene sentido así.

REMO No seas crío. Te acepto que simplificamos, pero ¿acaso crees que no lo hemos intentado mil veces con la palabra y no con el puño? ¿Crees que la guerra fue nuestro primer plan? ¿Crees que a alguien le gusta esta opción?

ARNO Solo sé que ella es distinta a lo que nos habíais contado.

REMO Siempre hay excepciones a las reglas, pero si trabajásemos solo para ellas no podríamos avanzar.

ARNO Las excepciones nos humanizan. Abren nuevos caminos.

REMO ¿Ya no crees en nuestra causa entonces? (*ARNO NO CONTESTA*). Arno, piensa en tus padres, piensa en tus hermanos. Sabes qué va a pasar con ellos si nuestro plan no sigue adelante. ¿Tu muchacha vale tanto la pena? ¿Vale tanto como la vida de tu familia?

ARNO Yo quiero creer... necesito creer que las cosas pueden ser de otra manera.

REMO No hay tierra para todos. Lo sabes.

ARNO Lo sé... lo habéis repetido mil veces.

REMO El plan ya está en marcha. Quedan muy pocos días. Necesito saber si podemos contar contigo. (*SE OYE RUIDO DE PASOS QUE SE ACERCAN. ARNO MIRA PARA ATRÁS Y LUEGO VUELVE A FIJAR SUS OJOS EN LA IMAGEN DE REMO; SU VOZ SE ENTRECORTA*). ¿Arno? ¿Me oyes?

ARNO No, maestro.

REMO ¿Podemos seguir contando contigo? (*ARNO NO CONTESTA*). Arno, piensa en tu familia, piensa en tus hermanos. Sucumbirán pronto...

ARNO Lo siento, maestro. Alguien se acerca (*CORTA LA COMUNICACIÓN. EN ESE MISMO MOMENTO ENTRA EN ESCENA ASHA CON EL MACUTO NUEVAMENTE LLENO*). ¡Ya pensé que no volverías!

ASHA Te dije que lo haría. Aunque no me ha resultado fácil. Son pocos los momentos en los que la playa está sin vigilancia (*LE TIENDE EL MACUTO, ÉL COMIENZA A SACAR LAS COSAS Y COME CON FRUICIÓN LOS ALIMENTOS*). Pero al que me ha costado de verdad darle esquinazo es a Táleh. Creo que presiente algo y se ha pegado a mí como una mosca.

ARNO   Yo también me pegaría a ti como una mosca, si pudiera...

ASHA   No seas tonto (*SE SIENTA JUNTO A ÉL EN LA PLAYA, APOYA SU CABEZA EN SU HOMBRO MIENTRAS ÉL SIGUE COMIENDO*). He estado pensado...

ARNO   ¿En mí?

ASHA   ¡Pues claro! (*SE RÍE*). Pero también en todo lo que me contaste. Tenemos que hacer algo.

ARNO   ¿Nosotros?

ASHA   ¡Claro!

ARNO   Pero Asha, solo somos dos...

ASHA   Dos es mejor que uno.

ARNO   Eso es definitivamente verdad. ¿Y qué tenemos que hacer?

ASHA   No somos tan distintos como nos intentan hacer creer. Solo nos diferencia el lugar donde nacimos, el color de la piel. Tenemos que hablar con ellos y recordárselo.

ARNO   ¿Con "ellos"?

ASHA   Con nuestros viejos, con vuestros...

ARNO   Maestros, sabios, los llamamos.

ASHA   ¿Ves? No somos nada diferentes. Si logramos que ellos lo entiendan, harán que lo entiendan todos los demás.

ARNO   Tienes mucha fe en el género humano, y en su capacidad para el cambio.

ASHA   ¿Qué gano no teniéndola?

ARNO   Pues tienes razón. Cuando hablas todo parece fácil, puro... y hermoso.

ASHA   (*SACA LAS COSAS QUE QUEDAN EN EL MACUTO Y LAS COLOCA JUNTO AL RESTO DE VÍVERES QUE TENÍA ARNO EN LA PLAYA JUNTO A SU CHOZA; COMIENZA A CONSTRUIR UN MURO CON ELLAS APILÁNDOLAS LAS UNA SOBRE LAS OTRAS*). No me engaño. Sé que no va a ser fácil, pero tenemos que intentarlo. Verás... ellos han estado construyendo un muro de odio y diferencia; se trata de conseguir derribar ese muro (*GOLPEA EL MURO DE ALIMENTOS Y ESTOS RUEDAN A SU ALREDEDOR*). y que ellos se "vean"... como nosotros nos hemos visto (*COGE UNA MANZANA Y LA PONE A LA ALTURA DE SUS OJOS ENTRE ELLA Y ARNO*). ¿Estás de acuerdo?

ARNO   Sí, mi capitana.

ASHA   No seas tonto. Lo digo en serio. (*DE PRONTO, SU ATENCIÓN SE PONE SOBRE LA FRUTA*). ¿Y estas manzanas? ¿De dónde las has sacado?

ARNO   Las trajiste tú la última vez...

ASHA   ¿Yo? No, estoy segura...

ARNO   Olvida las manzanas. Y olvida a los demás por un rato. Tengo la sensación de que este va a ser uno de los últimos momentos de calma que vivamos en mucho tiempo. Quiero disfrutarlo (*LA ATRAE HACIA SÍ Y LA ABRAZA*).

ASHA   ¿Crees que estoy loca?

ARNO   Completamente. Y creo que me has contagiado tu locura, porque ahora yo también creo que hay posibilidad de que las cosas sean de otra manera.

ASHA   Fuiste tú, Arno. Trajiste la verdad ante mis ojos.

ARNO   (*SE ESTREMECE AL OÍR LA PALABRA "VERDAD"*). Asha... yo... tengo que contarte algo...

ASHA   (*LE PONE UN DEDO SOBRE LOS LABIOS*). Calla... ¿no has dicho que tenemos que disfrutar de este último momento de paz? (*LE BESA. SUENA EL MAR, PURO, BRAVO, INDOMABLE. SE APAGA LA LUZ*).

V
Tres corazones latiendo

ARNO TUMBADO EN LA PLAYA COME CON DELEITE UNA MANZANA. ESTÁ ENAMORADO. ESTÁ FELIZ. TRANSITA SOBRE ESE LUMINOSO CAMINO EN EL QUE TODO ES POSIBLE. TAL VEZ SU ACTITUD INDOLENTE NOS HAGA OLVIDAR CÓMO HA LLEGADO HASTA ALLÍ. PODRÍA SER UN TURISTA ALEMÁN DE VACACIONES EN ESPAÑA. DE PRONTO EL LLAMADOR, COLOCADO A UNOS METROS DE ÉL, COMIENZA A SONAR. ARNO SE INCORPORA AL MOMENTO. SU PRIMERA REACCIÓN ES IR HACIA EL LLAMADOR Y DESCOLGAR, PERO SE CONTIENE. DENTRO DE ÉL SE LIBRA UNA BATALLA. SE LEVANTA DESPACIO. AVANZA HACIA ÉL. LO MIRA CON ESTUPOR. NO DECIDE HASTA EL ÚLTIMO MINUTO... PERO FINALMENTE PASA DE LARGO Y SE METE EN SU CHOZA. EL LLAMADOR CONTINÚA SONANDO UNOS INSTANTES. SU SONIDO SE SUPERPONE CON EL DEL MAR, PERO FINALMENTE EL OCÉANO LO AHOGA. EN ESE MISMO MOMENTO ENTRAN TÁLEH Y ASHA. ÉL LLEVA LOS OJOS VENDADOS. ELLA VA ADELANTADA Y LE AGARRA DE LA MANO PARA GUIARLE; AL LLEGAR SUPERVISA QUE ARNO NO ESTÁ A LA VISTA Y, COMPLACIDA, SE VUELVE HACIA TÁLEH.

ASHA   Está bien... un poco más y ya llegamos.

TÁLEH   Asha... me vas a matar.

ASHA   Un poco más, solo un poco más. Ten paciencia. Valdrá la pena.

TÁLEH   Claro que valdrá la pena... pero no voy a llegar entero.

ASHA   Confía en mí.

TÁLEH   (*RÍE*). No hago otra cosa.

ASHA   Espérame aquí. Un segundo (*SE ACERCA A LA CHOZA*). ¡Arno! (*SUSURRA*).

47

ARNO   (*SACANDO LA CABEZA DE LA CHOZA*). ¡Asha! (*ELLA SE LLEVA LA MANO A LOS LABIOS PIDIENDO SILENCIO Y SEÑALA PARA ATRÁS*). ¿Qué has hecho? ¿Por qué le has traído aquí?

ASHA   Le necesitamos (*ARNO COMIENZA UNOS ASPAVIENTOS SORDOS PERO ELLA LE INTERRUMPE*).

TÁLEH   ¿Asha? ¿Estás ahí?

ASHA   (*A TÁLEH*). Sí, sí, solo un minuto más. No mires todavía. (*SE VUELVE HACIA ARNO*). Ya lo sé... Estoy loca. Pero confía en mi locura. Táleh es una buena persona. Y conoce mejor que nadie a los viejos.

ARNO   Dijiste que dos mejor que uno, no tres.

ASHA   Tres mejor que dos.

ARNO   Tres no es un buen número, Asha.

ASHA   Depende de para qué. Ahora necesitamos sumar. Tres corazones latiendo suenan mucho más alto.

ARNO   (*SUSPIRA*). Lo que tú digas. Ya he aprendido que es imposible frenar tu empeño.

ASHA   Quédate en la choza y sal solo cuando te llame, por favor.

ARNO   (*LA AGARRA DE LA BARBILLA; LA MIRA FIJAMENTE A LOS OJOS*). Asha, la imparable (*SE OCULTA EN LA CHOZA DE NUEVO. ASHA SE VUELVE HACIA TÁLEH QUE SIGUE DE PIE CON LA VENDA EN LOS OJOS A UN LADO DEL ESCENARIO. ELLA SE ACERCA Y CON DELICADEZA LE QUITA LA VENDA DE LOS OJOS*).

TÁLEH   (*OBSERVANDO EL ENTORNO; RECONOCIÉNDOLO SE ESTREMECE*). Esta es...

ASHA   La misma playa, sí. La playa a la que me trajiste tú.

TÁLEH   No deberíamos estar aquí. Los viejos... el vigía...

ASHA   Táleh, relájate por un momento. Olvida todo lo que sabes. Olvida todo lo que te han contado. Todo lo que temes. Escúchame (*LE DA LAS MANOS*). Escucha el mar.

TÁLEH   (*CIERRA LOS OJOS; AFERRA SUS MANOS; SE ESFUERZA POR OBEDECER, POR CONTENTAR A ASHA UNA VEZ MÁS*). Está bien...

ASHA   Piensa en lo que deseas. En el mundo que deseas. ¿Cómo es?

TÁLEH   El mundo ya es tal y como lo deseo... salvo por alguna cosa.

ASHA   ¿No querrías un mundo con menos odio? ¿Con menos miedo?

TÁLEH   Odiamos y tenemos aquello que lo merece.

ASHA   ¿Conoces aquello que odias?

TÁLEH   Me han hablando tanto de ello que es como si lo conociera.

ASHA   ¿Me odiarías a mí?

TÁLEH   ¡Nunca!

ASHA   Pero si los viejos te dijeran que debes hacerlo... ¿lo harías?

TÁLEH   ¿A dónde quieres llegar? Yo no podría odiarte nunca.

ASHA   Porque me conoces...

TÁLEH   Porque te conozco y... porque te quiero.

ASHA   ¿Y si pudieras conocer por ti mismo lo que ahora temes y odias?

TÁLEH   Seguiría odiándolo y temiéndolo.

ASHA   ¿Por qué? ¿Porque te lo han dicho otros? ¿Acaso no confías en tu propio juicio? (*TÁLEH ESTÁ DESCONCERTADO POR EL RUMBO DE LA CONVERSACIÓN*). ¿A qué tienes miedo, Táleh? ¿A pensar por ti mismo? ¿A equivocarte? Es mil veces mejor una equivocación propia que una obediencia ciega y descerebrada.

TÁLEH   ¿A dónde quieres llegar?

ASHA   Quiero llegar hasta aquí dentro (*SEÑALANDO SU CORAZÓN*) y hasta aquí (*SU FRENTE*). Me niego a pensar que alguien a quien quiero tanto no sea capaz de pensar por sí mismo.

TÁLEH   ¿Me estás poniendo a prueba?

ASHA   Te estoy agitando, para despertar a la buena persona que sé que eres.

TÁLEH   ¿Para qué?

ASHA   Necesito tu ayuda.

TÁLEH   Sabes que estoy siempre disponible para ti.

ASHA   Lo que voy a pedirte no es fácil. Chocará contra todo lo que conoces. Contra todo lo que das por bueno.

TÁLEH   Puedes confiar en mí.

ASHA   ¿Prometes escuchar sin cuestionarme?

TÁLEH   Claro.

ASHA   Sea pues... ¡Arno! (*ARNO SALE DE LA CHOZA Y AVANZA DESPACIO HACIA ELLOS*).

TÁLEH   Es... ¡no es posible! ¡Es un fantasma! (*COMIENZA A RETROCEDER ATERRADO MIENTRAS ARNO AVANZA HACIA ELLOS CON CAUTELA*).

ASHA   Táleh, no es un fantasma. Es un ser humano. Como tú. Como yo.

TÁLEH   Imposible, es imposible... Los vigías no han podido dejarlo aquí (*EN SU HUIDA CIEGA TROPIEZA Y CAE AL SUELO*).

ARNO   (*ACERCÁNDOSE A TÁLEH Y TENDIÉNDOLE LA MANO*). Arriba, hermano.

TÁLEH   ¿Habla nuestro idioma? ¿Es magia?

ASHA   No es magia, Táleh. Son exactamente como tú y como yo. Ha estudiado nuestro idioma. Tienen libros.

TÁLEH   ¡Los libros que nos robaron!

ARNO   No os robamos los libros.

ASHA   Los viejos nos los quitaron para que no pudiéramos saber. Para que no pudiéramos conocer a los claros por nosotros mismos, para que no nos quedara más remedio que creer las historias que nos contaban sobre ellos.

TÁLEH   ¿Qué estás diciendo? ¡Estás loca!

ASHA   Táleh, prometiste que escucharías. Prometiste que no me cuestionarías.

TÁLEH   Esto es demasiado. Es demasiado...

ARNO   Dame cinco minutos, por favor...

ASHA   No pierdes nada escuchando.

TÁLEH   ¿Que no pierdo nada? ¡Mi corazón, mi mente, mi razón! Me lo robará todo. Su magia me lo robará todo.

ASHA   (*PONIÉNDOSE A SU ALTURA*). Te lo prometo. Arno es exactamente como tú y como yo.

ARNO Yo también tengo miedo, Táleh. Y sueños y deseos que tal vez nunca cumpliré. Mi corazón se estremece igual que el tuyo ante las cosas hermosas y ahora mismo me encuentro igual de perdido que tú, créeme. La única aquí que domina la situación es Asha. Pero eso, seguro, ya lo sabías (*TÁLEH NO TIENE MÁS REMEDIO QUE SONREÍR NERVIOSO. MIRA UN INSTANTE LA MANO QUE LE TIENDE DE NUEVO ARNO. PARECE DUDAR Y FINALMENTE SE LEVANTA SIN SU AYUDA DE UN SALTO. FRENTE A FRENTE LOS DOS JÓVENES SE RECONOCEN. ASHA APARECE ENTRE ELLOS Y PONE EL LLAMADOR EN MANOS DE ARNO. ESTE ASIENTE Y LO ACTIVA. VOLVEMOS A OBSERVAR IMÁGENES SIMILARES A LAS QUE MOSTRÓ A ASHA. EL SONIDO DEL MAR, O TAL VEZ UNA MÚSICA, SON TAN ENSORDECEDORES QUE ASORDINAN SUS PALABRAS. ARNO EXPONE SU VERDAD; TÁLEH REACCIONA ANTE ELLA. LOS OJOS DE ASHA SIGUEN ATENTAMENTE LAS REACCIONES DE AMBOS. A VECES APOSTILLA ALGO QUE APORTA ARNO. A VECES CALMA A TÁLEH QUE PARECE ESTAR DESENCAJADO. FINALMENTE, LAS IMÁGENES CESAN. TÁLEH SE DEJA CAER AL SUELO Y OCULTA LA CABEZA ENTRE LAS MANOS. ASHA Y ARNO SE SIENTAN CERCA DE ÉL Y ESPERAN SU REACCIÓN*).

TÁLEH Eso que cuentas, claro, es terrible. Los viejos son lo más importante para nosotros. Si fuera verdad... arrojas desconfianza donde antes solo había paz.

ARNO Lo sé, Táleh. Si te consuela, allá de donde vengo las cosas no se hacen mucho mejor. Nos ofrecen verdades simplificadas, alimentan nuestro odio hacia vosotros, nos hacen pensar que solo hay una manera de...

ASHA (*INTERRUMPIÉNDOLE CON ÍMPETU E IMPACIENCIA*). Táleh... ¿hablarás con los viejos?

TÁLEH ¿Cómo?

ASHA ¿Nos ayudarás a que entiendan?

TÁLEH ¿A que entiendan qué?

ASHA Que no somos tan distintos.

ARNO Que podemos convivir.

ASHA Que es posible entendernos de nuevo, como nos hemos entendido nosotros tres.

TÁLEH Asha... ¿pero por qué yo?

ASHA Ya casi eres uno de ellos. Confían en ti, te escuchan.

TÁLEH Puede que sí cuando les hablo de navegación, de estrellas u oleaje, pero esto... esto es demasiado. Yo... soy solo un chico, un aspirante a vigía... ya ves que hasta soy solo un aspirante a enamorado...

ASHA Eres un gran persona, Táleh. Con la fuerza y el arrojo de un volcán. Te escucharán. Estoy segura. Yo creo en ti.

TÁLEH (*LA COGE DE LA CARA, RÍE NERVIOSO*). Asha, Asha... ¡mi querida Asha, mi incansable Asha, mi idealista Asha! ¡Estás tan loca!

ASHA Esto solo se soluciona con grandes dosis de locura. Y con grandes dosis de amor.

TÁLEH Ya sabes que de eso no me falta.

ASHA ¿Lo harás, entonces?

TÁLEH (*LA MIRA INTENSAMENTE A LOS OJOS*). Déjame pensarlo, Asha. Dame tiempo.

ASHA ¡Táleh!

ARNO   Asha, le estamos pidiendo mucho.

TÁLEH   Os daré una respuesta pronto. Os lo prometo (*LE BESA LA MANO A ASHA Y SALE. ARNO Y ASHA OBSERVAN SU RETIRADA*).

ARNO   ¿Crees que nos ayudará?

ASHA   Debemos confiar. Sobre eso estamos construyendo (*ARNO LA AGARRA POR LOS HOMBROS; AMBOS MIRAN HACIA EL HORIZONTE*).

VI
Sacrificio

ARNO ESCRIBE EN UN PAPEL. DE VEZ EN CUANDO LEVANTA LA VISTA Y MURMURA COMO BUSCANDO LA FRASE PERFECTA. FINALMENTE DA POR TERMINADO SU ESCRITO Y LO LEE EN VOZ ALTA, HACIENDO DE VEZ EN CUANDO PEQUEÑAS ENMIENDAS.

ARNO   Maestro, la guerra no es una opción. Aprovechemos que estoy aquí; aprovechemos que ahora nuestras voces les llegan de forma directa por primera vez en muchos años. Son seres humanos como nosotros. Han pasado por lo mismo. Preferirán la paz y... (*EL SONIDO DEL LLAMADOR LE INTERRUMPE SU LECTURA. ARNO LO BUSCA Y LO ABRE FRENTE A SÍ; LA IMAGEN DE REMO APARECE FRENTE A ÉL*). Maestro, precisamente yo...

REMO   Arno, silencio. Escúchame. Alguien te ha delatado.

ARNO   ¿Qué?

REMO   Hemos recibido un mensaje encriptado. Saben que estás en una playa. Afortunadamente no saben en cuál exactamente, pero es cuestión de tiempo que te encuentren.

ARNO   ¿Cómo? ¡Es imposible!

REMO   ¿Imposible? Arno, ¡por Dios! Esa muchacha tuya...

ARNO   ¿Asha? No, no, maestro. Es imposible.

REMO   ¿Imposible? ¿Quién si no? (*ARNO HACE UN SILENCIO LARGO Y SIGNIFICATIVO*). Arno, ¿has hablado con alguien más?

ARNO   (*SIN MUCHO CONVENCIMIENTO*). No.

REMO   ¿No?

ARNO   ¿Y nuestro contacto?

REMO   ¡Arno! ¡Es un birracial! ¡Llevan con nosotros décadas! ¡Es impensable!

ARNO   Pero... si no...

REMO   Arno... ¿con quién más has hablado? (*SILENCIO LARGO DE ARNO*). ¡Contesta!

ARNO   (*SE OYEN RUIDOS TRAS ÉL*). Maestro, se acerca alguien a la playa.

REMO   ¡Arno! Tienes que irte de ahí, ¿me oyes?

ARNO   Sí, sí, maestro.

REMO   Contacta con el birracial. Él te ayudará...

ARNO   Pero, ¿y si él...?

REMO   Es impensable. Ten cuidado, por favor, si ahora te encontrasen, el plan...

ARNO   Lo sé, maestro. Tengo que cortar. (*ARNO APAGA EL COMUNICADOR. ASHA APARECE TRAS ÉL CON LA MOCHILA DE VÍVERES*).

ASHA   ¿Cómo está hoy mi náufrago favorito?

ARNO   Asha... (*SE LEVANTA ANGUSTIADO, MIDE SUS PALABRAS*). Asha, ha ocurrido... algo... tengo que irme (*COMIENZA A RECOGER LAS POCAS COSAS QUE TIENE ESPARCIDAS POR LA PLAYA*).

ASHA   ¿Irte? ¿Por qué? ¿A dónde?

ARNO   No sé, no sé, pero tengo que irme cuanto antes.

ASHA   Arno, ¿qué ha pasado? (*INTENTA DETENER SU FRENESÍ*).

ARNO   Nada. Todo.

ASHA	Escúchame, ¡escúchame! ¿Qué ha cambiado desde ayer? (*LE OBLIGA A PARAR FRENTE A ELLA, LE AGARRA LA CARA ENTRE SUS MANOS*).
ARNO	Asha... Los tuyos saben dónde estoy.
ASHA	¿Cómo...?
ARNO	No sé... Tal vez... Táleh...
ASHA	No. Imposible. Táleh es leal. No habría dicho nada.
ARNO	¿Cómo puedes estar tan segura?
ASHA	Le conozco.
ARNO	Nadie conoce a nadie tan bien, Asha.
ASHA	Yo sí. Te digo que no ha podido ser él.
ARNO	Pues quién si no... ¿eh?
ASHA	(*SE QUEDA CALLADA UNOS INSTANTES; LE MIRA FIJAMENTE A LOS OJOS*). Y, ¿cómo has sabido que vienen a por ti?
ARNO	(*DESVÍA LA MIRADA*). Pues...
ASHA	¿Qué estás ocultando, Arno?
ARNO	No te oculto nada, Asha. Ha sido mi maestro.
ASHA	¿Tu maestro está aquí?
ARNO	No, a través del llamador.
ASHA	Pero, y él... ¿cómo lo ha sabido, si está en Áfriro? Aquí no tenemos llamadores.
ARNO	Pues...
ASHA	No me ocultas nada, ¿eh?, pero tampoco quieres decirme la verdad (*MIRA A SU ALREDEDOR; REPARA EN LAS MANZANAS QUE VUELVEN A ESTAR CERCA DEL REFUGIO*). ¿Quién te ha estado trayendo las manzanas?

ARNO   Los birraciales.

ASHA   ¿Los birraciales?

ARNO   Vosotros los llamáis mestizos, creo.

ASHA   ¿Te refieres a aquellos que tienen ascendientes que no son oscuros? (*ARNO ASIENTE*). Pero, ¿queda alguno?

ARNO   De séptimo ascendiente.

ASHA   ¿Y por qué os ayudan?

ARNO   No son todos; hay un grupo pequeño. Conservaron de generación en generación sus costumbres de la antigua Europía, sus raíces hacia esta isla cuando los claros la habitábamos. Creen que hay unos dueños legítimos de esta tierra, y que somos los claros. Ellos se sienten claros también.

ASHA   ¿A pesar del color de su piel?

ARNO   No creen que sea una cuestión de color de piel sino de quién habitó primero esta tierra.

ASHA   Eso es... tan absurdo... Nuestros viejos dicen que los primeros habitantes de la tierra fueron oscuros, así que...

ARNO   No intento justificarlos, Asha. Sus argumentos me pueden parecer tan sin sentido como a ti, pero está claro que nosotros necesitábamos ayuda... Y ellos nos han ayudado...

ASHA   Pero, ¿desde cuándo? ¿Cómo?

ARNO   Con riesgo para sus vidas guardaron algunos llamadores cuando vuestros viejos los prohibieron y, aunque son muy rudimentarios, a través de ellos cuando el tiempo es propicio conseguimos comunicarnos.

ASHA ¿Ellos sabían que ibais... ibas a venir? (*ARNO ASIENTE*). ¿Y te han estado ayudando todo este tiempo?

ARNO Las manzanas, agua, y...

ASHA ¡El vigía!

ARNO Exacto.

ASHA Por eso has estado aquí a salvo, ¿verdad? Él te protegía.

ARNO Tiene cierta posición. Ha conseguido que durante todo este tiempo esta playa solo esté custodiada por él.

ASHA Pero ahora te ha delatado.

ARNO ¡No! ¿Por qué piensas eso?

ASHA ¡Arno! ¿Quién si no? (*ARNO VA A REPLICAR DE NUEVO PERO ASHA LE HACE ENMUDECER DE UN GESTO*). En realidad, da igual. Tienes que salir de aquí (*COMIENZA A RECOGER LAS COSAS QUE ARNO HABÍA DEJADO A MEDIAS. ÉL TAMBIÉN INICIA UNA RECOGIDA NERVIOSA Y TORPE HASTA QUE SU MACUTO SE ROMPE Y TODAS LAS COSAS RUEDAN A SUS PIES. MIENTRAS ASHA CONTINÚA LA RECOGIDA ARNO HA QUEDADO INMÓVIL, PARALIZADO. MIRA EL RODAR DE UNA MANZANA QUE SE ALEJA DE ÉL*).

ARNO Pero... ¿qué estamos haciendo? ¿A dónde voy a ir...? Realmente... Estoy perdido.

ASHA Encontraremos un sitio. Tiene que haber un sitio en el que estés a salvo en esta isla.

ARNO Asha, déjalo.

ASHA ¡Ni hablar!

ARNO (*LA COGE DE LOS BRAZOS PARA HACERLA PARAR*). No tiene sentido seguir huyendo. Si lo piensas...

Si lo piensas bien esto incluso entra dentro de nuestro plan...

ASHA Pero... ¿qué dices Arno?

ARNO Nuestro plan, que nos escuchen, pasa obligatoriamente por desenmascararme, por exponerme, por dejarme ver cómo soy... Como hicimos con Táleh, pero delante de todos.

ASHA Pero, Táleh me dijo que cuando alguno de vosotros consigue llegar a la playa y le encuentran os mandan directamente de vuelta a Áfriro...

ARNO ¿Eso te ha dicho? ¿Eso le han dicho a él? (*RÍE CON TRISTEZA*).

ASHA ¿Por qué te ríes?

ARNO ¿Dejarnos volver a casa? Creo que los tuyos no son tan clementes.

ASHA ¿Quieres decir que...?

ARNO Hasta donde nos han contado los birraciales, sí.

ASHA (*LE MIRA CONMOCIONADA*). ¿Por qué todo es tan horrible?

ARNO Todo no es horrible, Asha. Tú eres maravillosa. Estás llena de bondad y valentía. Táleh es un gran chico que haría cualquier cosa por amor. Y yo... tampoco estoy mal.

ASHA No sé cómo tienes fuerzas para bromear. (*LE ABRAZA. SILENCIO*). ¿Confías entonces en Táleh?

ARNO Pues... Sí, tú me has enseñado que debemos tener confianza entre nosotros. Solo así romperemos el muro de odio y desconocimiento que han construido a nuestro alrededor los que dicen gobernarnos.

ASHA   Y, entonces, ¿ahora...?

ARNO   Voy a entregarme (*ELLA REPRIME UN SOLLOZO Y SE ABRAZA AÚN MÁS A ÉL*). Es la única manera. La única manera de intentar parar este sinsentido.

ASHA   Pero, ¿no deberíamos esperar a que Táleh hable con ellos?

ARNO   Ha pasado casi una semana desde que le contamos todo. No hemos sabido nada de él. No nos ha delatado, pero quizás no ha podido dar el paso... de exponerse.

ASHA   A lo mejor, con un poco más de tiempo...

ARNO   Asha, la valiente, no tenemos tiempo. Ya no. (*LA BESA*).

ASHA   ¿Me estás diciendo "adiós"?

ARNO   Quiero que sepas que pase lo que pase no cambiaría nada. Conocerte, unirnos así, saber que podemos luchar juntos, que es posible el entendimiento de dos seres casi como si fueran uno... ha sido una revelación sobre mí, sobre el mundo. Me has hecho creer que todo es posible.

ASHA   Arno...

ARNO   Calla, no digas nada, esos dos ojos tuyos ya hablan de sobra por ti (*LA VUELVE A BESAR Y EN ESE MOMENTO TÁLEH APARECE EN LA PLAYA. SE QUEDA PARADO COMO SI HUBIERA RECIBIDO UNA DESCARGA, SU ROSTRO SE CONTRAE, SU MENTE SE ACTIVA, RECOLOCA LA HISTORIA A SU MANERA, AÑADIENDO LA FICHA CLAVE DEL PUZLE QUE CREE ACABAR DE RECIBIR; APRIETA LOS PUÑOS... Y ACTÚA*).

TÁLEH   ¡Traidor, mentiroso! (*SU GRITO HACE QUE ARNO Y ASHA SE SEPAREN; TÁLEH APROVECHA PARA EMBESTIR A ARNO Y TIRARLO AL SUELO; COMIENZAN UNA LUCHA*

DESIGUAL CON LA FUERZA VISCERAL DEL TÁLEH ULTRAJADO Y LA DEBILIDAD DEL QUE ACABA DE DECIDIR SU DESTINO DE ARNO. ASHA INTENTA SEPARARLOS SIN ÉXITO, RECIBE UN EMPELLÓN DE AMBOS CUERPOS Y CAE LEJOS). Es posible entendernos, ¿eh? ¡Como nos hemos entendido nosotros tres! ¡Cómo habéis podido ser tan falsos! ¡Tan manipuladores! Solo estabais pensando en vosotros dos... *(EN LA LUCHA TÁLEH HA QUEDADO A HORCAJADAS SOBRE ARNO QUE ESTÁ TIRADO EN EL SUELO; TÁLEH HA AGARRADO UNA PIEDRA Y LA BLANDE AMENAZADORAMENTE SOBRE SU CABEZA; NO ES UN ASESINO, PERO AHORA MISMO SU CABEZA NI SIQUIERA LE DEJA ACORDARSE DE ELLO).*

ASHA *(PONIÉNDOSE EN MEDIO DE LOS DOS SOBRE EL CUERPO DE ARNO).* ¡Táleh no! Es cierto que no te contamos toda la verdad. Quiero a Arno, sí, no puedo evitarlo, sucedió sin pensar, de golpe, nada más verlo... Pero eso no quiere decir que lo que te dije, lo que te dijimos, no sea verdad. Te necesitamos para parar esto. Confiamos en ti, en tu fuerza, en tu pureza, en tu bondad *(TÁLEH DEJA CAER EL BRAZO Y SE SEPARA UN POCO DE LOS DOS OTROS CUERPOS).* Táleh, esto es más grande que nosotros tres. Estamos hablando del mundo que conocemos y de cómo hacerlo mejor.

TÁLEH ¡Calla! ¡No quiero volver a escucharte! Tú sí que me has hechizado... como una vendedora de humo, como una encantadora de serpientes *(SIN EMBARGO, SU CUERPO SE HA RELAJADO ALGO; LA IRA HA DADO PASO A UNA TRISTEZA SIN FONDO).*

ASHA Táleh, lo que has visto, es una despedida *(SE LE QUIEBRA LA VOZ AL DECIRLO).* Arno va a entregarse para poder hablar con ellos directamente.

TÁLEH ¡Me da igual! ¡Me da igual lo que hagáis o lo que penséis! Me has roto el corazón, te has aprovechado de lo que sentía por ti (*SE LEVANTA Y LA MIRA CON TRISTEZA Y DESPRECIO*). Ya no eres la misma...

ASHA Yo... sigo siendo yo.

TÁLEH No, Asha, estás completamente distinta. Él te ha cambiado, se ha llevado a la Asha que yo conocía...

ASHA ¡No es verdad! (*LE AGARRA EL BRAZO, ÉL MIRA LAS MANOS DE ASHA SOBRE SU PIEL, SIENTE LA CONMOCIÓN HABITUAL... PERO EL DOLOR QUE SIENTE ES MÁS FUERTE*).

TÁLEH Déjame... (*SE GIRA Y COMIENZA LA RETIRADA*).

ASHA ¿A dónde vas?

TÁLEH A hacer lo que tenía que haber hecho desde el principio.

ASHA ¡Táleh! (*ASHA INTENTA ALCANZARLE, PERO DE PRONTO SE LLEVA LA MANO AL CORAZÓN CON EXPRESIÓN DE DOLOR. TÁLEH LO ADVIERTE Y HACE UN MICROGESTO PARA VOLVERSE PERO SE DETIENE AL VER QUE ARNO TAMBIÉN LO HA ADVERTIDO Y LA HA AGARRADO. FINALMENTE ELLA SE YERGUE REPUESTA CON CALMA Y SE ALISA LA ROPA, SOPESANDO LAS PALABRAS*). Táleh, yo siempre te he querido... mucho...

TÁLEH (*SIN VOLVERSE PERO RECIBIENDO EL IMPACTO DE SUS PALABRAS*). No intentes...

ASHA ... pero no de esa manera. Siempre he creído que eres un hombre excepcional, un ser humano extraordinario lleno de bondad, nobleza y altruismo. Alguien a quien es necesario tener cerca porque te recuerda la rectitud que debe regir el mundo, el precioso equilibrio que debe gobernarlo. He aprendido mucho de ti... Táleh. Y pase lo que pase nada podrá cambiar eso.

TÁLEH Asha... Esto es una despedida... supongo.

ASHA Lo es.

TÁLEH (*DUDA UN MOMENTO EN DARSE LA VUELTA, PERO FINALMENTE SIGUE ADELANTE*). Adiós, pues. Y... cuídate. Cuídate mucho, Asha.

ASHA (*MIRÁNDOLE SALIR DESOLADA*). Hasta siempre, Táleh el voluntarioso (*SE DEJA CAER. ARNO SE ACERCA A ELLA*).

ARNO Asha, ¿qué ha querido decir? ¿Por qué tienes que cuidarte? ¿Qué te ha pasado hace un momento?

ASHA Yo... no estoy bien. Hay algo dentro de mí que no está bien.

ARNO Estás... ¿enferma?

ASHA No lo sé. En realidad, no quiero saberlo.

ARNO (*SE LE HUMEDECEN LOS OJOS*). ¿Qué quieres decir?

ASHA Arno, eso ahora da igual. Debemos pensar en qué hacer ahora.

ARNO (*REACCIONANDO AL FIN*). Ahora, debes irte... Ponerte a salvo.

ASHA Ni lo sueñes. Estamos juntos en esto.

ARNO Asha...

ASHA No te das cuenta. En cuanto Táleh hable con los viejos me buscarán a mí también (*LO DICE CON SERENIDAD*).

ARNO   Aún podemos...

ASHA   No. Me quedo contigo (*HACE UN SILENCIO, LUCHA POR NO LLORAR; FINALMENTE SE REPONE Y SE OBLIGA A SONREÍA A BROMEAR*). No podría irme aunque quisiera. Estoy agotada (*ÉL SE SIENTA A SU LADO; ASHA APOYA LA CABEZA EN SUS HOMBROS, CIERRA LOS OJOS*). Además, dos es mejor que uno, ¿recuerdas?

ARNO   Eso es definitivamente verdad. (*ENTRELAZAN SUS MANOS Y MIRAN AL HORIZONTE*).

VII
La tierra no es de nadie

LA MISMA PLAYA, PERO CON ASPECTO MÁS DESOLADO. TAMBIÉN ELLA HA SUFRIDO UNA RUPTURA. ASHA DESCANSA DORMIDA DENTRO DE LA CHOZA PERO SU ROSTRO ES PLENAMENTE VISIBLE AL PÚBLICO. ARNO DEAMBULA NERVIOSO POR LA PLAYA. MANIPULA EL LLAMADOR INSERTANDO CÓDIGOS Y OTEA EL FONDO DE LA PLAYA, COMO ESPERANDO LA LLEGADA DE ALGUIEN, AL MISMO TIEMPO QUE COMPRUEBA UNA Y OTRA VEZ QUE ASHA SIGUE DORMIDA. DE PRONTO APARECE LA POTENTE LUZ DE UNA LINTERNA DESDE EL FONDO.

ARNO ¡Por fin! (*EL VIGÍA SE OCULTA DE NUESTRA VISTA; SU VOZ NO LLEGA HASTA NOSOTROS. ARNO IRÁ DEJANDO LAS PAUSAS LÓGICAS DE UNA CONVERSACIÓN Y REACCIONANDO ANTES LAS RESPUESTAS DE SU INTERLOCUTOR*).

VIGÍA ...

ARNO Sí, te he llamado. Te necesito.

VIGÍA ...

ARNO ¿Por qué dices eso? Claro que necesito tu ayuda, la he necesitado siempre.

VIGÍA ...

ARNO ¿Asha? ¿Cómo sabes...? (*A PESAR DE QUE ARNO TRATA DE SUSURRAR, ASHA TIENE UN SUEÑO SUPERFICIAL, INTRANQUILO, ENFERMO Y PEGA UN RESPINGO AL OÍR SU NOMBRE. SE INCORPORA PARA ESCUCHAR MEJOR, SIEMPRE QUEDANDO OCULTA DE LA VISTA DE ARNO Y DEL VIGÍA DENTRO DE LA CHOZA. CON CONTENCIÓN VA REACCIONANDO A LO QUE ESCUCHA Y A LA NUEVA INFORMACIÓN QUE RECIBE; SUS REACCIONES SE VEN AMPLIFICADAS EN UNA VÍDEO PROYECCIÓN DE SU FIGURA AL FONDO DE LA PLAYA; SU ROSTRO PRESENCIA Y PRESIDE TODA LA ESCENA*).

VIGÍA   ...

ARNO   Sí, está bien. He perdido la cabeza... por ella.

VIGÍA   ...

ARNO   Pero no he olvidado del plan.

VIGÍA   ...

ARNO   Espera... ¿fuiste tú el que me delataste a los oscuros? ¿Cómo has podido...?

VIGÍA   ...

ARNO   ¡Traidor!

VIGÍA   ...

ARNO   ¿Traidor yo? ¿Qué dices?

VIGÍA   ...

ARNO   ¿Por qué querías quitarme de en medio?

VIGÍA   ...

ARNO   ¿El plan? El plan sigue en marcha.

VIGÍA   ...

ARNO   ¿Asha? No, ella no tiene nada que ver, no sabe nada. La he mantenido al margen, puedes estar seguro.

VIGÍA   ...

ARNO   Pero, ¿qué dices? ¡Claro que puedes confiar en mí!

VIGÍA   ...

ARNO   Nada ha cambiado, ¿me oyes? Pero es cierto que... me he enamorado de ella y no quiero que le pase nada, ¿entiendes? ¿La protegeréis? De lo suyos y de los nuestros.

VIGÍA ...

ARNO ¡Por favor! Es solo una muchacha y... (*SE LE QUIEBRA LA VOZ*) está enferma.

VIGÍA ...

ARNO Yo seguiré adelante con todo, te lo juro. El maestro Remo, está al tanto; solo faltan unas horas para la incursión. ¿Los tuyos están preparados?

VIGÍA ...

ARNO Descuida, sabré hacer mi parte. He estado preparándome para ello toda mi vida. Pero necesito que me jures que vais a protegerla, ¿me oyes? Es todo lo que me importa.

VIGÍA ...

ARNO Espera... ¿aún tenemos tiempo? ¿Cuándo llegarán los oscuros?

VIGÍA ...

ARNO Eso espero (*HACE UN SILENCIO*). Supongo que estamos en paz, ¿no?

VIGÍA ...

ARNO (*SONRÍE CON AMARGURA*). Sí, tienes razón, a partir de mañana ya nadie va a poder estar en paz.

VIGÍA ...

ARNO No, no voy a moverme. Te avisaré en cuanto los barcos aparezcan por el horizonte. Pero tú... júrame que la protegeréis. ¡Júramelo!

VIGÍA ...

ARNO Sí, creo que puedo exigirlo. Voy a dar mi vida por esta causa, creo que no es pedir mucho.

VIGÍA   ...

ARNO   ¿Cuidado? Yo no soy importante. Soy solo un peón... Y los peones... caen al comienzo de la partida.

VIGÍA   ...

ARNO   Gracias, amigo. En unas horas volveremos a vernos. (ASUMIMOS QUE EL VIGÍA ABANDONA LA ESCENA PUESTO QUE LA LUZ DE SU LINTERNA SE DESVANECE. ARNO PERMANECE MIRANDO EN LA DIRECCIÓN EN LA QUE HA DESAPARECIDO UNOS INSTANTES. PARECE DESOLADO PERO, AL MISMO TIEMPO, UNA FIRME RESOLUCIÓN LE HACE MANTENERSE EN PIE. LA VÍDEO PROYECCIÓN DEL ROSTRO DE ASHA LE SIGUE OBSERVANDO DESDE LA PANTALLA. FINALMENTE SE DESVANECE AL MISMO TIEMPO QUE ELLA SE INCORPORA Y SALE DE LA CHOZA).

ASHA   Arno... ¡dime que no es verdad!

ARNO   ¡Oh, Asha!

ASHA   ¿Qué has hecho? ¿Qué le has prometido a ese hombre? ¿Qué vais a hacernos?

ARNO   La historia se repite. La historia siempre se repite.

ASHA   ¿Pensáis conquistarnos?

ARNO   Eso quieren los míos, sí. Para eso me he estado preparando toda mi vida.

ASHA   ¡No puede ser verdad!

ARNO   ¿Qué es la verdad? ¿Lo sabes tú? Mi verdad, antes de conocerte, era poder sacar a mi familia de la desesperación, del hambre, de la sequía, como fuera, a toda costa. Pero tú le has cambiado el sentido a todo. Y ahora, Asha, mi misión, mi verdad, es protegerte, hacer que tu valiosa vida perdure a toda costa.

ASHA   Pero, ¿me has engañado todo este tiempo? ¿Nunca pensaste que las cosas podrían ser de otra manera? ¿Que podríamos hacerles entender...?

ARNO   Sí, claro que lo pensé. Me hiciste creer que podía ser real, pero ya ves que al final el odio y el miedo acumulados tras tantos años son más fuertes. Y esa fuerza horrible es lo único que me queda para protegerte.

ASHA   (*SE LANZA SOBRE ÉL, LE GOLPEA*). ¡No quiero que me protejas! ¡Quiero que luches por lo que creas que es más justo!

ARNO   ¿Lo que es más justo?

ASHA   Sí, Arno. Esto está por encima de nosotros. Nosotros ya no importamos. Tú acabas de decirlo: somos peones, una herramienta... para restablecer la paz, el equilibrio.

ARNO   Yo sí, pero tú, Asha... Yo no puedo olvidar lo que siento por ti, lo que tú significas...

ASHA   No te estoy pidiendo que lo olvides. Te estoy pidiendo que lo utilices para tener fuerza para continuar con lo que debemos hacer. Para encontrarle sentido. Conocernos fue una señal...

ARNO   ¿Una señal?

ASHA   Sí, vernos, reconocernos, querernos... Si nosotros dos pudimos hacerlo, a pesar de nuestras diferencias, a pesar de toda la manipulación y las mentiras, es que existe un camino para que todos los demás puedan llegar a ello.

ARNO   ¿Y si no sucede? ¿Y si nunca llegan a entenderse?

ASHA (*HACE UN LARGO SILENCIO*). Serviremos de sacrificio... y de expiación.

ARNO (*LAS PALABRAS DE ASHA CALAN HONDO EN ARNO; HACE UN LARGO SILENCIO Y SE SIENTA EN LA ARENA; ASHA QUEDA DETRÁS DE ÉL*). Mi abuela... Mi abuela siempre contaba un cuento de dos jóvenes amantes cuyas familias estaban enfrentadas. A pesar de todo lograban escaparse para estar juntos. Sin embargo, el odio de sus familias acababa cayendo sobre ellos en forma de un destino cruel e inmisericorde.

ASHA ¿Qué pasa al final?

ARNO Ambos acaban muertos.

ASHA ¿Y las familias?

ARNO El dolor les hace comprender su absurdo. Se sobrepone a la ira.

ASHA ¿Y después?

ARNO Firman una paz. (*ASHA SONRÍE AL ESCUCHAR EL FINAL DE LA HISTORIA*).

ASHA Es un gran final.

ARNO Es una tragedia, Asha.

ASHA No para todos. No para los que llegan después y encuentran un mundo en paz.

ARNO Siempre mirando más allá, ¿eh?

ASHA Arno (*SE AGACHA JUNTO A ÉL Y LE PONE UNA MANO EN EL HOMBRO*) nuestra historia no tiene por qué acabar así.

ARNO ¿Ah, no? ¿Qué posibilidades tenemos de que dos naciones, dos ejércitos que llevan cientos de años odiándose y temiéndose... de golpe se

	entiendan? ¿Qué palabra podemos encontrar que les haga escucharse?
TÁLEH	La verdad. (*TÁLEH HA APARECIDO SÚBITAMENTE DETRÁS DE ELLOS, PERO ES OBVIO QUE LLEVA RATO ESCUCHÁNDOLOS. PARECE SERENO Y RESOLUTIVO, COMO SI MIENTRAS QUE ESTUVO FUERA SE HUBIERA HECHO UN HOMBRE*).
ASHA	¡Táleh! ¡Has vuelto! (*SE ABALANZA HACIA ÉL Y CON SINCERO CARIÑO LE ABRAZA*).
TÁLEH	Hola, Asha. (*ARNO SE LEVANTA; SU CUERPO ESTÁ EN TENSIÓN. ÉL NO TIENE TAN CLARAS LAS INTENCIONES QUE HAN LLEVADO A TÁLEH DE VUELTA A LA PLAYA*).
ARNO	¿Y los tuyos?
TÁLEH	Llegarán pronto.
ASHA	¿Has hablado con ellos? ¿Les has hablado de Arno?
TÁLEH	Ya lo sabían. Alguien te delató... antes de que yo pudiera hacerlo.
ASHA	¡Táleh...! ¿Qué has hecho?
TÁLEH	Aun así, consideraron mi coraje. Me han nombrado guardia.
ASHA	¿Qué es...?
ARNO	Soldado.
TÁLEH	Para la guerra que está por llegar.
ASHA	¡Oh, Táleh...!
ARNO	Pero... ¿cómo han descubierto el plan?
TÁLEH	No somos tan necios ni tan primitivos como nos imagináis.
ARNO	Nosotros no...

TÁLEH   (*LE CORTA*). Ni tan inocentes y pacíficos como yo pensaba. Me han dado esto (*SACA UN LLAMADOR*). y esto (*ALGO PARECIDO A UN ARMA*).

ARNO   (*SERENO, AVANZANDO HACIA ÉL*). Entonces, ¿has venido a matarme?

ASHA   (*SE ABALANZA HACIA A ARNO PARA PROTEGERLE*). ¡No!

TÁLEH   Eso querían (*CAMBIA LA POSICIÓN DEL ARMA DE OFENSIVA A NEUTRA Y LA TIRA AL SUELO*), pero antes he visto lo que contiene el llamador. Dicen que solo los utilizan en situaciones extremas, como la que se nos avecina. Que en el pasado estas máquinas solo les trajeron dolor y que por eso las prohibieron y destruyeron la mayoría. Pero son un objeto fascinante... lleno de información.

ARNO   ¿Qué has descubierto en él, Táleh?

TÁLEH   Que tampoco a vosotros os han dicho toda la verdad (*MANIPULA EL LLAMADOR Y SALEN IMÁGENES DE NOTICIAS DEL SIGLO XXI DONDE SE VE CÓMO LA ANTIGUA EUROPÍA OCUPADA POR LAS CLAROS ESTÁ SIENDO ESQUILMADA POR UN MODO DE VIDA BASADO EN EL CONSUMO DESENFRENADO: BOSQUES TALADOS, AGUAS Y AIRES CONTAMINADAS POR LAS FÁBRICAS. LAS NOTICIAS ADVIERTEN DE LA CADUCIDAD DE LOS RECURSOS QUE SE ESTÁN DILAPIDANDO. A CONTINUACIÓN, NOTICIAS DE GRANDES SEQUÍAS Y HAMBRUNAS. TAMBIÉN REVUELTAS Y CONATOS DE GUERRA POR LOS POCOS RECURSOS. Y FINALMENTE EL ÉXODO DE LOS HABITANTES DE EUROPÍA A OTRAS TIERRAS*).

ARNO   ¿Qué significa todo esto?

TÁLEH   Ahora eres tú el que no entiendes, ¿eh?

ASHA   ¿Qué quieres decir?

TÁLEH   La historia no fue tampoco como os la han contado.

ARNO   ¿No hubo una invasión de los oscuros? (*TÁLEH NIEGA CON LA CABEZA*). ¿Nos fuimos voluntariamente de Europía?

TÁLEH   (*ASIENTE*). Buscando una tierra mejor.

ARNO   Después de haber destrozado esta.

TÁLEH   Bueno, eso creíais. Pensasteis que habías agotado todos sus recursos, pero lo que encontrasteis fuera era mucho peor que lo que dejabais aquí... o también lo fuisteis destruyendo con vuestros modos de vida.

ARNO   No puedo creerlo...

TÁLEH   Ya ves que vosotros teníais tantas sombras... como las que habían proyectado sobre nosotros.

ARNO   Qué iluso he sido.

TÁLEH   Un poco pardillo, sí (*TÁLEH LE AGARRA UN HOMBRO CON DECISIÓN Y HUMANIDAD AL VER LA DESOLACIÓN DE ARNO*). Pero digamos que ahora estamos empatados.

ARNO   (*SONRÍE, PERO DE PRONTO ADVIERTE QUE AÚN NO HA RECONSTRUIDO TODAS LAS PIEZAS DE LA HISTORIA*). Pero, entonces, ¿Europía se quedó vacía?

TÁLEH   Por un tiempo sí, pero para los oscuros aquella Europía esquilmada por los claros era todavía una tierra llena de posibilidades...

ARNO   Si se la compara con Áfriro.

TÁLEH   Eso es.

ARNO   ¿Así que migrasteis en masa?

TÁLEH   Y ocupamos una tierra baldía pero libre.

ARNO   Abandonada.

TÁLEH ¿No es lo mismo?

ASHA La tierra no es de nadie. (*AMBOS LA MIRAN*). ¿Qué privilegios puede darnos haber nacido en un lugar o en otro? ¿Qué derecho tenemos para reivindicar que esa tierra nos pertenece y expulsar a otros de allí?

ARNO Nos mueve la suerte.

TÁLEH Eso parece. Somos "juguetes del destino".

ARNO ¿Tú también conoces el cuento?

ASHA ¿Qué cuento?

ARNO El que te acabo de contar. El de los dos amantes con familias enfrentadas y...

TÁLEH ... un triste final...

ARNO Recuerdo que era una de las frases que mi abuela ponía en boca del protagonista... "Soy un juguete del destino".

ASHA ¿Estabas escuchándonos?

TÁLEH (*ASIENTE*). Mi abuela también solía contarnos ese cuento.

ARNO Hay cosas que traspasan fronteras y colores.

ASHA Claro que sí... Tenemos más cosas que nos unen de las que nos separan.

TÁLEH De hecho, parece vuestra historia.

ASHA Se parece, pero no es igual.

TÁLEH ¿Ah, no?

ASHA No, porque nosotros vamos a conseguirlo. Y además... porque nosotros somos tres... y no solo dos.

TÁLEH   Asha, la de fe inquebrantable.

ARNO   Asha, la imparable.

TÁLEH   Asha, la que nunca se rinde.

ARNO   Asha, la valiente.

TÁLEH   Tienes que cuidarte...

ARNO   ...porque el mundo te necesita. (*LOS TRES SE ABRAZAN Y JUNTAN SUS FRENTES*).

ARNO   Y ahora... ¿qué?

ASHA   Ya solo queda esperar a que vengan... los tuyos y... los nuestros.

TÁLEH   Ya no hay nunca más "tuyos" y "nuestros".

ASHA   Tienes razón.

TÁLEH   Además, hay algo más que podemos hacer (*ARNO Y ASHA LE MIRAN*). Tenemos esto (*ALZA SU LLAMADOR*) y "la verdad".

ASHA   La verdad es que no hubo un precedente de guerra ni de conquista.

ARNO   La verdad es que no hay motivo para ese odio que nos han enseñado a tener.

TÁLEH   La verdad es que podemos, si queremos, entendernos.

ARNO   La verdad es que Europía no es de nadie...

ASHA   ... y es de todos.

ARNO   Hay que volver sencillo lo complejo.

TÁLEH   Hay que convertir el odio en respeto.

ARNO   No sé si a los demás les resultará tan fácil de entender.

ASHA   Pero tenemos que intentarlo.

TÁLEH Y ARNO SACAN SUS LLAMADORES Y COMIENZAN A MANDAR MENSAJES. LAS IMÁGENES PROYECTADAS POR SUS APARATOS SE SUPERPONEN AL FONDO DEL ESCENARIO AL MISMO TIEMPO QUE EL SONIDO DE TANQUES Y EJÉRCITOS ACERCÁNDOSE. LOS TRES PERSONAJES SE GIRAN PARA MIRAR LAS IMÁGENES, SE ABRAZAN Y ESPERAN EL VEREDICTO DE LA FORTUNA. LA PLAYA TAMBIÉN CONTEMPLA INDOLENTE LA ESCENA, AUNQUE PROBABLEMENTE ESTÁ MÁS PENDIENTE DE LA PUESTA DE SOL. EL SONIDO DE LOS TANQUES Y EJÉRCITOS AUMENTA. PERO POR ENCIMA DE ELLOS SE SOBREPONE UN SONIDO MÁS FUERTE. EL SONIDO DEL MAR.

LUZ Y TELÓN.